# 奄美雑話

地理学の目で群島を見る

須山 聡 著

笠利半島のサトウキビ畑
（2022 年 6 月撮影）

海青社

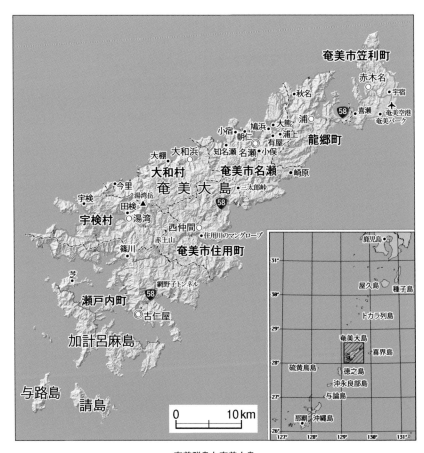

**奄美群島と奄美大島**

注. 奄美市の住居表示上の地名は「名瀬○×」「笠利町△□」と表記されるが，煩雑
を避けるため，本図では省略した。

# 振り出し ── なぜ奄美に？ ──

　本書のタイトルはいうまでもなく，名越左源太の『南島雑話』のパクリである[*]。左源太さんの足許にも及ばないが，奄美で気づいたアレコレを書いてみたい。

　私は駒澤大学の教員である。駅伝の先生ではないので念のため。専門は地理学である。21世紀に入ってから，もっぱら奄美群島をフィールドとして，地域を観察・分析してきた。幸いなことに，2022年度の1年間，奄美市立奄美博物館を拠点に奄美の研究に専念する機会に恵まれた。奄美群島全域を観察し，これまで手をつけることができなかった課題に取り組んだ。

　大学の研究者というと，白衣を着て実験したり，膨大な本に埋もれて，なにやら浮世離れした姿を想像されるかもしれない。しかし私の研究手法は野外調査，いわゆるフィールドワークである。野外に出て景観を観察し，人の話を聞き，古い書物や地図を読みとるのが，私の仕事である。「ブラタモリ」と変わらない。傍目からは遊んでいるように見えるが，こうした作業によって，地域の成り立ちや特徴，そして人と地域の関わり方を解明することを仕事としている。

　奄美に関わる人文・社会科学的研究では，歴史学・民俗学・考古学の3分野がなんといっても中心で，群島内の研究者の層も厚い。地理学分野の研究は散発的で，奄美群島の全体を俯瞰するような重厚な研究蓄積はない。

　だから私が，というほどの力量はないが，20年も奄美に関わってきたご恩返しに，奄美の地域的な諸相を地理学の目で見たスケッチが本書である。だから「雑話」であり，決して百科全書的なものではない。

　大学教員は，教育と研究の二足のわらじを履いている。教員個人の研究テーマと学生に対する授業内容は，多くの場合，重ならない。しかし私は奄美群島

---

[*]　名越左源太（1820～1881）は薩摩藩士で，弓奉行や物頭を務めた。藩のお家騒動に連座し，奄美大島に流刑された。流罪中にもかかわらず，嶋中絵図書調方を命ぜられ，島内の動植物や生活習慣などを幅広く記載した『南島雑話』を残した。名越左源太著，國分直一・恵良　宏校注 1984.『南島雑話──幕末奄美民俗誌──』平凡社.

に関わってきた約20年の間，奄美群島を自身の研究対象とするとともに，学生の野外調査実習を奄美で実施することで，両者を一致させてきた。

　これまで，のべ400人弱の学生を奄美に連れてきた。なかには二度三度と参加した学生もいる。学生たちはいろんなデータを，私の代わりに島のあちこちから集めてきてくれる。学生指導が大変でしょう，とよく言われるが，そうでもない。このやり方はとても効率がよい。私は「長良川の鵜飼方式」と呼んでいる。本書の母体は，学生の調査実習で得られたさまざまな知見である。

　地理学はあらゆる地表現象をテーマとし，非常に幅が広い。だから奄美ではさまざまな研究ができる。奄美でできないのは氷河と鉄道の研究くらいなものである。いろんなことができるから，奄美は学生のトレーニングの場所としてはうってつけである。

　トレーニングされていない学生の視野は非常に狭く，放っておくとすぐ，観光だとかグルメだとかを研究テーマとしがちである。ソレもアリなんだけどね。都会で育った学生には，地方や離島は遊ぶ場所にしか見えない。そこに暮らす人がいて，生活があることに思いいたらない。そこをうまーく誘導して，学生の興味を学問的な流れに引き寄せ，その気にさせつつ，こちらの土俵に誘い込む。

　これまでいろんなテーマで調査を実施してきた。まず関心を向けたのが，奄美の「シマ」である。シマは空間的には集落を指すが，それにとどまらず，人と人との結びつき，コミュニティのまとまりである。おいおいお話するが，シマの空間的な構造には一定の規則性がある。また，特徴的な祭祀施設がシマの要所に配置され，シマ全体がお芝居の舞台のようになっている。さらに，サンゴ垣や高倉，ガジュマルやハイビスカスなどの熱帯性植物がシマを彩る。

　豊年祭や種下ろしなどの集落行事だけでなく，普段の近所づきあいや災害時の支援にも，人と人との結びつきが垣間見える。日常のさまざまな局面で，シマのつながりや枠組みが顔を出す。

　離島の位置的特性も重要テーマである。とくに21世紀に入ってからの移住ブームは，海に囲まれた離島という位置によってもたらされた。学問的にも多くの関心を集めるのだが，移住は統計的な把握が難しい。このような調査こそ，フィールドワークの得意技である。移住者と同様，Uターン者にも注視しなければならない。本土で退職した後，奄美に戻ってくることは，奄美出身者に

とっては重要な選択肢であるし，奄美にとってはまだまだ働ける人材を迎えることを意味する。

　2021年に登録された世界自然遺産に関わる課題にも取り組んできた。大衆観光を経験していない奄美にとって，観光化は未経験の現象である。現今の観光は，むやみにたくさんのお客さんを迎えればよい，というものではない。利用と保全のバランスが取れなければならない。三太郎峠の利用ルール策定や，ノネコ対策がはらむ問題に，学生たちは挑戦した。

　近年は主に宇検村で，住み続けるための「集落点検」を実施している。過疎や高齢化によって，シマでの居住継続がいよいよ難しくなっている。学生とシマの皆さんの協働で，生活上の問題点を発見し，改善のための提案を行なっている。ヤギに除草させるとか，耕作放棄地にタベオカ（キャッサバ）を植えるとか，いっけん荒唐無稽，されど現実的な提案が出てきた。

　2016年度からは，学部2年生を宇検村の集落で豊年祭に参加させている。見物ではなく，豊年祭の運営をお手伝いする。男子学生はまわしを掛けて相撲を取り，女子学生は婦人や子どもたちとともに余興に参加する。調査手法としては「参与観察」なのだが，そんな堅苦しいことは抜きにして，シマの皆さんといっしょに作業をして語り合うことで，シマに対する理解が深まる。

　奄美に来た学生たちは，たちどころに奄美に魅了される。奄美での体験が，彼らにとても強い印象をもたらすからである。単にキレイな海や亜熱帯の自然環境が物珍しいのではない。

　本土の大都市圏でフィールドワークをすると，学生たちは大体「負ける」。見ず知らずの人を警戒し，心にシャッターを下ろした人が相手では，いきなり声をかけても，会話はままならない。冷たくあしらわれ，心を折られてフィールドワークが嫌いになる。

　しかし奄美では未熟な学生が話しかけても，シマの人たちはちゃんと相手をしてくれる。シマのネセ（若者）たちと朝まで話し込んだ学生もいる。「成功体験」の獲得である。奄美の人たちには当たり前かもしれないが，こうしたコミュニケーションを本土で体験することは，もはやあまりない。

　奄美の最大の魅力は人である。人に惹きつけられて，学生のみならず，家族とともに20年以上も奄美に通いつめ，私はとうとう1年間，島で暮らした。

今も島と本土を行ったり来たりの生活である。あらためて奄美をじっくり観察しよう。私の目に映った奄美の姿を，ちょっと違った視点から紹介したい。

　本書は南海日日新聞に連載中の「新・奄美群島の地域性」に加筆したものである。連載に当たって，南海日日新聞社の久岡学氏にはタイヘンにお世話になっている。久岡氏は私の勤務校である駒澤大学のOBで，学部は違えど先輩であり，奄美の頼れるアニでもある。

　久岡氏をはじめ，奄美では多くの方がたの知遇が得られ，研究を含め，さまざまお世話になっている。研究・調査の面では瀬戸内町立図書館・郷土館の町健次郎氏，奄美博物館前館長の久伸博氏をはじめとする博物館の皆さん，宇検村教育委員会の渡聡子氏，奄美のトラさんこと花井恒三氏とは，日頃から議論を重ねている。2022年度の奄美市世界自然遺産プラットフォームでご一緒した皆さんからは，新たな知見と視角を得ることができた。宇検村の川渕哲二氏，内田長男氏，峯宏治氏，保池穂好氏には，学生ぐるみ，家族ぐるみでおつきあいいただいている。また，名瀬のアパートの大家さんである中村宏省氏ご家族には，暮らしの上でもお世話になることばかりである。**

　本書は2022年度駒澤大学在外研究（国内長期）の成果の一部である。筆者の受け入れに当たって，奄美博物館の高梨修元館長にご尽力いただき，博物館での研究が円滑に進んだ。また出版に当たっては，駒澤大学特別研究助成（出版助成）を受けた。

　奄美の皆さんのご厚情に支えられ，奄美の研究を続けることができている。これからもお世話になるので，本書冒頭で感謝申し上げたい。


　2024年2月

　　　　　　　　　　　　　　　　　　　　　　　　　　　須　山　　聡

---

** すでに鬼籍に入られたが，中山清美氏と弓削政己氏のご恩は忘れられない。また，われわれ家族を温かく迎えてくださった，前里静氏ご一家との思い出も尽きない。

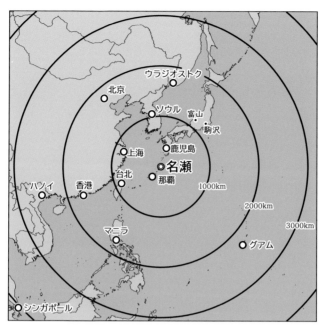

**名瀬を中心とする正距方位図法の地図**
（中心（名瀬）からの距離と方位が正しい）

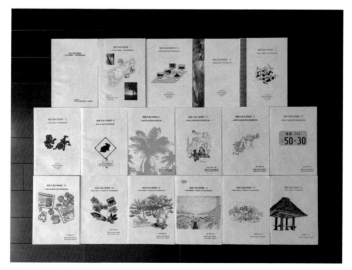

**調査報告書『奄美大島の地域性』**

# 奄美雑話

地理学の目で群島を見る

目　次

地　図 ...................................................................................................... ii

## 振り出し──なぜ奄美に？── ................................................ 1

## Ⅰ　自然環境と世界自然遺産 ..................................................... 11

　　Ⅰ-1　温泉がないのは不満だ ............................................ 12

　　Ⅰ-2　野生生物島外持ち出し禁止条例 ........................ 16

　　Ⅰ-3　ロードキルをなくすには .................................... 20

　　Ⅰ-4　アカギ，伐る／伐らない？ ............................... 24

　　Ⅰ-5　てげてげな奄美の世界自然遺産 ........................ 28

　　小括①　自然環境と奄美の自己決定 ........................... 32

## Ⅱ　シマの文化景観 ......................................................................... 35

　　Ⅱ-1　島のシマ ..................................................................... 36

　　Ⅱ-2　シマのコスモロジー .............................................. 40

　　Ⅱ-3　災害とシマ ................................................................ 44

　　Ⅱ-4　高倉は語る ................................................................ 48

　　Ⅱ-5　ケンムンの島 ........................................................... 52

　　小括②　シマ景観の豊かさとシマの危機 .................. 56

## Ⅲ　離島の都市，名瀬 ..................................................................... 59

　　Ⅲ-1　名瀬・ナセ・なぜ .................................................. 60

Ⅲ-2　名瀬の景観レイヤー ............................................................64

Ⅲ-3　コンパクトシティ名瀬　その１ ............................................70

Ⅲ-4　コンパクトシティ名瀬　その２ ............................................74

Ⅲ-5　大島紬と住宅 ........................................................................78

小括③　離島都市の独自性 ............................................................82


Ⅳ　はたらく島 ...................................................................................85

Ⅳ-1　稼げる島 ................................................................................86

Ⅳ-2　ホスト／ゲストの観光 ..........................................................90

Ⅳ-3　客を選ぶ観光地 .....................................................................94

Ⅳ-4　ベイスターズがやってきた ...................................................98

小括④　同じことをしていては稼げない ......................................102


Ⅴ　島とナイチ ...................................................................................105

Ⅴ-1　ナイチと内国植民地 ............................................................106

Ⅴ-2　奄美復帰 70 年──奄美のさかいめ── ..............................110

Ⅴ-3　奄美復帰 70 年──復帰のゆくえ── ..................................114

小括⑤　立ち位置を確かめる ........................................................120


中入り ..................................................................................................123

　第二次奄美ルネッサンス .............................................................124

# I　自然環境と世界自然遺産

**金作原原生林**
きんさくばる
（奄美市提供）

　奄美の自然はいうまでもなく美しい。その自然はどのように形作られてきた
のか。そして今，いかなる問題に直面しているのか。自然の問題の多くは，
自然が作ったものではなく，人間が引き起こしたものである。自然のメカニ
ズムは精密で巧妙であるが，人間の問題はややこしい。

# Ⅰ-1　温泉がないのは不満だ

　奄美群島全体を見回して，不満なことが一つだけある。奄美には温泉がない！ 2021 年に大和村で温泉が出たそうだが，私はヤケドしそうなほど高温で，硫黄の匂いでむせっけえるようなヤツがいい。鹿児島県には，指宿や霧島をはじめ，名湯があまたある。なのに奄美群島には温泉がない。それは奄美群島の成り立ちと深く関係する。

　大陸や海洋の形成，火山や地震のメカニズムは，プレートテクトニクス理論で説明される[*]。

　広く知られているように，日本列島は大陸プレートと海洋プレートの境界部に位置する。大陸プレートがほとんど動かないのに対し，海洋プレートはベルトコンベアのように動く。玄武岩でできた海洋プレートは，花崗岩主体の大陸プレートよりわずかに重いため，大陸プレートの下に沈み込む。

　両者がぶつかる部分は，地図上では弓なりになっている。日本列島では，千島弧・東北日本弧・西南日本弧，そして琉球弧の 4 つの島弧が連なる(p. 15)。

　プレート境界では地震が多発し，火山が集中する。海洋プレートの沈み込みによって，プレート境界に蓄積されたエネルギーが解放される現象が，地震や火山の噴火である。

　高温の岩盤によって加熱された地下水が温泉である。多くの温泉の熱源は火山であるから，温泉は火山付近に主に分布する。奄美群島には火山がない。

　島弧の海洋側には非常に深い海溝がある。琉球弧には琉球海溝がある。海溝は，海洋プレートが沈み始めところである。

　琉球海溝の大陸側には陸地，すなわち南西諸島があるが，よくみると島じま

---

＊　プレートテクトニクス理論は今でこそ「定説」とされるが，1970 年代までは侃々諤々の議論が続いた。結局，プレートテクトニクス理論が，現実の地殻の動きをよりうまく説明できているだけであり，理論が「実証」されたわけではない。将来的に，プレートテクトニクスよりもさらに上手な説明理論が現れるかもしれない。上田誠也 1983. プレートテクトニクスに対する反論を検討する——地学の世界をおもしろくする話題——. 地学教育と科学運動 12：67-73, DOI: 10.15080/chitoka.12.0_67.

は2列に並んでいる(p. 15)。種子島・屋久島から奄美群島・沖縄諸島に連なる列と，トカラ列島から硫黄鳥島に延びる列である。

奇妙なことに，前者の列には火山も温泉もない。活発に活動する火山は，薩摩硫黄島・諏訪之瀬島など，すべて後者に属する。前者を外弧，後者を内弧という。内弧には列状に火山が並ぶ。これを火山フロントという。

海溝・外弧・内弧というワンセットが島弧―海溝系である。これは琉球弧以外の島弧でもみられる。東北地方では，外弧に属する北上山地や阿武隈山地には火山はないが，内弧にあたる奥羽山脈には，蔵王山・磐梯山などの活動的な火山と，鳴子温泉や乳頭温泉などの有名な温泉が分布する。

火山が内弧に列状に分布するのは不思議である。からくりは海洋プレートの沈み込みにある。海洋プレートは大陸プレートの下に沈み込み，次第に高温化し，地表から約110kmの深さで融点に達して岩石が溶融する。これがマグマの素である。

だから，火山は海洋プレートが沈み込んで深さ110kmに達するところに列状に並ぶ。ここに内弧ができる。火山はプレート境界ならどこにでもできるものではない。

それでは外弧はどうやって形成されるのか？ プレートの境界面では，プレートどうしのこすれ合いで海底の堆積物などが剥ぎ取られ，大陸プレートの端っこに蓄積される。ほれ，エスカレータの終点部分に，ゴミやほこりがたまっているのを見たことがあるでしょう？ あれと同じことが，プレートの境界部では起こっている。こうしてたまった岩石の塊を付加体という。徳之島の金見海岸で見られるメランジュは**，付加体の一例である。

奄美群島だけではなく，日本列島の外弧の大部分は付加体である。付加体はいわば海底の削りカスがたまったものなので，熱源となる火山がない。したがって地下水が温められることもない。

ということで，奄美群島は島弧―海溝系の外弧に属するから，奄美では温泉を満喫することはできない。残念至極。

** メランジュ(mélange)は混合を意味するフランス語である。メランジュには地層としての連続性がなく，さまざまな大きさや種類の礫や岩塊を含む構造をもつ。地学団体研究会編 1996.『新版地学事典』平凡社.

　話は変わるが，アマミノクロウサギは，南西諸島のもととなる陸地が大陸から切り離された結果，孤立した原始的なウサギである。大陸の一部が切り離される現象も，プレートテクトニクス理論で説明できる。

　海洋プレートの沈み込みによって，地殻の下にあるマントルの表層は高温化し，お風呂のお湯のように対流を起こす。このマントル対流によって，上に載っている大陸プレートの一部が，大陸から太平洋側に引きちぎられるように動いた。そのため大陸の端っこには，東シナ海がぽっかり口を開けるように形成され，南西諸島の原形となる細長い陸地ができた。これが開裂である。

　開裂は日本海をはじめ，大陸の縁海を形成するメカニズムである。アマミノクロウサギは開裂によって島に取り残され，古い形を維持した。奄美や沖縄に固有種が多いのは，このようなプレートの動きによる。

　温泉がないことも，アマミノクロウサギなどの固有種が奄美群島にしかいないことも，この地域の顕著な特徴である。しかしそれは奄美群島が特別な場所であることを意味しない。琉球弧の地球科学的な成り立ちは，世界的に見れば他の島弧と同じである。奄美群島でしか見られない，唯一無二の自然は，しかしながらプレートテクトニクスという，地球全体で見られる普遍的な現象の一部であるにすぎない。

　「ここでしか見られないから貴重だ」という言説はわかりやすく，説得力をもつが，ある意味で危険でもある。希少性のみを尊重する態度は，珍奇なものを喜ぶ好事家趣味である。翻ってそれは身近な自然現象や日常的な人の営みを軽く見ることにつながる。固有種のみをやたらともて囃す昨今の言説は，まさにそれである。

　ある場所の独自性や特殊性は，世界全体の普遍性と対立するものではない。私は奄美の独自性や奄美らしさを研究しているが，それは奄美が特別な例外だからではない。奄美で発見されたことには普遍性があり，それが世界に通用するからである。サイエンスとは普遍的真理を追究する営みであり，世界中に通用することにこそ価値がある。

　プレートテクトニクス理論によると，奄美で温泉はないものねだりのようである。しかしプレートテクトニクスのおかげで，夜の道でウサちゃんに出会うこともできる。おうちのお風呂でガマンしよう。

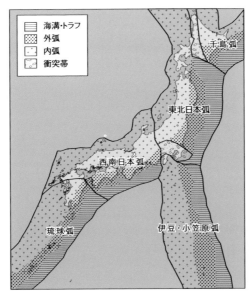

日本の島弧-海溝系

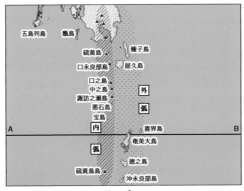

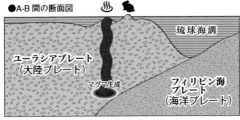

外弧と内弧の模式図

# Ⅰ-2　野生生物島外持ち出し禁止条例

　世界自然遺産，奄美大島・徳之島・沖縄島北部・西表島の「顕著な普遍的価値(Outstanding Universal Value; OUV)」は生物多様性である。生物多様性には，生態系・種・遺伝子の三つのレベルがあるが，世界自然遺産では主に種の多様性を含意する。アマミノクロウサギやイリオモテヤマネコは種の多様性を示し(p. 19)，希少種としての価値を有する。[*]

　2017年の登録申請時には，生態系の独自性も奄美・沖縄のOUVであるとしていたが，ユネスコは生物多様性のみを評価した。これはユネスコの見方にすぎない。金作原原生林や住用川のマングローブは，生態系の多様性を示している。また登録地域ではないが，喜界島の隆起サンゴ礁や，沖永良部島の鍾乳洞・湧水は，地形学的に特異な現象であるし，群島のサンゴ礁は誇るべき自然美である。生態系，地形・地質，自然美は，生物多様性とともに世界自然遺産のOUVである。ユネスコが何と言おうと，登録地域以外の自然環境ももっと自慢してよい。

　奄美群島を含む南西諸島では，大陸から切り離された成り立ちから，両生類・陸生爬虫類・哺乳類においては，この地域にしか分布しない固有種が過半を占める。夜にゲロゲロ鳴いてるビッキャ(カエル)は，大体が固有種である。

　固有種は奄美群島にしかいないのであるから，そもそも個体数が少ない。森林伐採や環境汚染などの人為的撹乱により，生息環境が損なわれ，ただでさえ少ない個体数がさらに減少している。こうなると，生態系の再生能力による個体数回復は期待できず，人間の手で保護・保全する必要がある。奄美の固有種の多くが，環境省のレッドリストに掲載される絶滅危惧種である。

　世界自然遺産と希少種を結びつけて，アマミノクロウサギやイリオモテヤマネコさえ守ればよい，と思ってはイケナイ。世界自然遺産登録には関係なく，絶滅が危惧される固有種は，人の手で保護・保全しなければならない。野生生

*　世界遺産の登録基準(クライテリア)は，文化遺産6，自然遺産4からなる。登録にはこれらのクライテリアのうち一つ以上に当てはまることが求められる。

物が生息可能な自然環境の保全と回復が最も重要であるが，それには時間がかかる。開発を抑制する仕組みも十分とはいえない。あと数株しかないランやユリもあると聞く。

　人為による環境破壊のなかで最も卑しい行為は，売買目的の密猟・盗掘である (p. 19)。文明人のやることではない。日本では種の保存法や文化財保護法によって，絶滅危惧種や特別天然記念物は捕獲・採取を禁止されている。それでも，希少種の密猟や盗掘が発覚して，ニュースになることがある。ネットでも，奄美の希少種が出品されているのを見かける。なかには密猟・盗掘品も紛れているに違いない。目に触れるものは氷山の一角であろう。

　密猟・盗掘を防ぐために，ちょっと過激な提案がある。奄美の全市町村が「野生生物島外持ち出し禁止条例」を制定するのである。

　希少種の密猟・盗掘の動機は金銭的利益を得ることである。そのためにはブツを島外に持ち出さなければならない。持ち出せなければカネにならないので，禁止すれば密猟・盗掘の動機を潰すことができる。捕獲そのものを禁止するのではなく，捕獲を無意味化させる。これは今はやりの行動経済学を取り入れた対策である。捕獲禁止ではないので，子どもの昆虫採集は対象にならないし，ハブ捕りもできる。

　大和村にある環境省奄美野生生物保護センターを中心に，密猟・盗掘を防止するパトロールが精力的に実施されているが，いかんせん人手が足りない。広大な奄美の山域全体をパトロールするのは，ケンムンをアルバイトにでも雇わないと至難の業である。

　現行法には大前提の部分で大きな制約がある。保護対象となる動植物は，種

---

** 奄美大島で採集したアマミノコギリクワガタ240匹をゆうパックで送ろうとしたところ，誤配でクワガタが死滅したため，送り主が日本郵便を相手取って損害賠償を求める裁判が2015年にあった。裁判では日本郵便の責任が一部認められたというが，問題はそこではない。アマミノコギリクワガタは絶滅危惧種ではないが，同一種を240匹も捕獲するのは乱獲であり，生態系の破壊にほかならない。なのに裁判に及ぶなど，盗人猛々しいとはこのことである。現行法ではこのようなケースを取り締まることさえもできない（産経新聞2015年10月30日）。
*** 類例として，昆虫の採集・捕獲を禁じた，鹿児島県十島村の「十島村昆虫保護条例」があげられる。また自主ルールであるが，東京都小笠原村では「小笠原カントリーコード」を定め，生物の持ち去り・持ち込みを規制している。

ごとに決められている。密猟・盗掘の現場を押さえても，対象種でなければ規制できない。対象種を鑑別するには，専門知識をもったスタッフが必要であり，時間もかかる。野生生物全体を対象とすれば，種を鑑別する必要はないから，迅速に対応できる。

　前節で述べたように，そもそも希少種や絶滅危惧種だけを保護の対象とすることには違和感を感じる。それは人間による種の選別ではないのか？ 希少だから守らなければならないという考えは，裏を返せばたくさんいるものは守らなくてヨイ，ということである。そうなると，例えばアマミノクロウサギが殖えすぎたら，今度は駆除しましょうという話になるかもしれない。実際，特別天然記念物のニホンカモシカは，駆除対象とされている。きわめて傲慢な考えではないか。

　生態学的には，奄美の野生生物はみんな等しく大切である。守るべきは特定の生物種のみではなく，奄美の生態系，自然環境全体である。ある種を保護するためには，その種が捕食したり共生する生物も守らなくてはならない。それが繰り返されれば，最終的には生態系全体を保全する必要がある。

　陸路で外に出られない奄美群島では，出口は空港と港に限られる。ここを押さえれば，持ち出しは物理的に阻止できる。これは離島のメリットである。持ち出そうとした者に罰則は科さないが，市町村長は中止と原状回復を命令する****。山に戻って，いたところに放してきなさい，と言ってやる。これだけでもかなりきついペナルティであろう。

　船で島外に持ち出される貨物は，現状では実質的にノーチェックである。空港の検査で，野生生物が発見できるかもわからない。仏作って魂入れず，実効性のない条例には意味がない，という考えもあろう。だからといって現状を放置するのは不作為である。物理的に持ち出しを阻止する方策も，同時に考えなければならない。こうしている間にも盗まれるイモリやクワガタがいる。

　多少過激であっても「奄美はここまでやる」という決意を見せることが大切である。

****条例で罰則を科すためには，検察官との協議が必要である。また，議会の審議では罰則の有無や重さにばかり議論が集中し，条例の本質的な目的に議論が及ばないことが懸念される。

アマミノクロウサギ
（奄美市提供）

密猟トラップ
（南海日日新聞社提供）

# I-3　ロードキルをなくすには

　奄美・沖縄の世界自然遺産登録時に，ユネスコから四つの宿題が出された[*]。なかでもロードキル（自動車による野生動物の死亡）対策は，奄美大島・徳之島にとっての最重要課題である。

　地図は奄美大島南部における，2008年4月から2022年3月までの，アマミノクロウサギのロードキル発生地点の分布を示している（p. 23）。とくにロードキルが密に発生しているのは，国道58号の三太郎峠と網野子峠の旧道，および宇検村・瀬戸内町・奄美市にまたがる赤土山である。

　網野子トンネルの開通は2015年3月，つまりこの地図が対象とする14年間のちょうど中間である。網野子トンネルの開通を区切りとして，ロードキルの発生を比較しよう。

　網野子トンネル開通以前の7年間におけるロードキルの発生件数は，奄美大島全体で89件，開通以後の7年間では218件で，約2.5倍に増加した（p. 23）。赤土山でのロードキルは，同じ期間に7件から29件へと4倍以上に増加した。

　ロードキルは，野生動物と自動車の接触によって発生する。しかし，奄美群島における自動車の台数は，2012年以降，約4,000台しか増えていない。一方，2022年12月の環境省の推計によれば，アマミノクロウサギの生息数は，2003年の5,000頭から，21年には最大で39,000頭に増加したとされる。

　ロードキル発生件数は，報告に基づいて集計される。それまで無関心だった人びとが，野生生物を強く意識した結果，報告が増えたとも考えられる[**]。

　そうであれば，アマミノクロウサギの数が増えると同時に，住民の意識も高

---

　*　ユネスコ世界遺産委員会は，登録に際して①西表島における観光客の制限，②絶滅危惧種の交通事故対策，③包括的な河川再生戦略，④緩衝地帯での森林伐採の制限を指摘した。

**　人為による野生動物の被害はアマミノクロウサギにとどまらず，ケナガネズミなどにも及んでいる。2023年7月には，奄美市名瀬長浜の側溝に落ちて動けなくなったアオウミガメが救出された。この地域の海岸が約50年前に埋め立てられたことを考えると，救出されたカメが生まれたころとは，海岸の様子がまったくちがって，カメもさぞや困惑したことであろう（南海日日新聞2023年7月14日）。

まったことが，ロードキルの見かけ上の増加の原因とも考えられる。ロードキルが増加したことに，単純に眉をひそめる必要はないのかもしれない。しかし発生している以上は，やはりゼロにしたい。

　ロードキル・ゼロに結びつくヒントが，この地図には隠されている。網野子峠の旧道に注目してほしい。網野子トンネルの開通により，旧道化した区間におけるロードキルの発生件数は，開通前には27件，開通後は28件でほとんど変わらない。奄美大島全体でのロードキルが2.5倍に増えているのに，網野子峠では変わらない。つまり，網野子峠でのロードキルの発生確率は，相対的には以前の5分の2に低下していることになる。

　これは明らかに網野子トンネル開通による効果である。トンネルができて，旧道の通行量が激減した結果，ロードキルが抑制された。

　同じようなことは三太郎トンネルや，奄美市と大和村の境に位置する宮古崎トンネルなど，他のトンネルでも起こっている。地図ではトンネルに併行する旧道部分においてロードキルが多発していると読めるが，実はこれは，トンネルによってロードキルが抑制された結果である。もしトンネルがなかったら，これらの区間は赤い点が数珠つなぎになったであろう。

　赤土山を通り宇検村に向かう県道85号線，瀬戸内町篠川（しのかわ）に向かう県道615号線は，まさに数珠つなぎである。トンネルがない峠道では，ロードキルが多発する証左である。

　トンネルにはロードキルを抑制する効果がある。理想的には，すべてのロードキル多発区間にトンネルを設置し，自動車が野生動物の生息域に進入しないようにすべきである。赤土山にトンネルを掘ると，網野子トンネルと同じくらいの建設費，約150億円はかかるであろう。トンネルって自然破壊の象徴みたいなものじゃないか！って怒られるかもしれないが，これくらいやらないと奄美の自然環境は守れない。

　より現実的には，トンネル区間を併行する旧道の有料化が考えられる。車両の締め出しを目的とするなら，通行料は1台あたり1万円，利用に配慮するなら1,000円くらいか。

　トンネルがあるのに，あえて旧道を通行する理由は，自然観察が主であろう。三太郎峠の旧道は，アマミノクロウサギをはじめとする野生動物を観察するナ

イトツアーの観光客に人気である。旧道に入るのは，ウサギを見たい人，また
は見せたい人だけである。とすれば，受益者負担の考えも成り立つ。

　誰もがロードキルの加害者になりうる。ガイドを悪者にしたり，地元の車両
に責任をなすりつけたりすることは無意味である。不毛な責任転嫁をやめて，
根本的な対策を考えたい。ロードキルの多発路線には車両を入れない方策を考
えなければならない。

　現行の道路法規では，既存の道路を有料化することは，ほぼできないそうで
ある。それなら道路じゃなくしてしまえばイイ。ロードキル多発路線は，実質
的にトンネルの迂回路になっているから，道路を設置する理由そのものが消失
している。

　旧道の入口に，有料駐車場のゲートみたいなヤツをつけるだけである。沿線
の土地所有者は無料にする。車両の確認と料金収納は，はやりのITを使って，
スマホでピッとやる。（「電波が届かないよ」とあとから指摘された。）災害時には
避難路として無料開放するし，対象となる野生動物の多くは夜行性であるから，
有料化を夜間に限定するだけでも有効であろう。

　これでもまだ理想論だと言う人もいるにちがいない。そんなこと言っている
と何も変わらないぞ，と言いたい。宿題を解決しないと，世界自然遺産登録は
確実に取り消される。

　今の日本人の多くは，いわゆる「現状維持バイアス」に陥っていて，現状や<sup>***</sup>
制度を変えることをためらう。できない理由を並べ立てて，革新的な提案をつ
ぶそうとする。こうしたひ弱な精神，守りに入った姿勢が，ここ30年間，日
本の発展を阻害してきた。

　世界自然遺産の宿題を解決するためには，単に自然環境を守るだけでは足り
ない。ロードキルは人が起こした問題なのだから，人が解決する責任を負う。
人の問題を解決できるのは人だけである。変えるべきところは変える勇気が必
要である。現状だけではなく，私たちの頭の中を，だ。

---

*** 現状維持バイアスは「正常性バイアス（normalcy bias）」とも呼ばれる行動経済学の概念で
　　ある。突然の変化に対して，自分の先入観や思い込みを根拠に，その変化は自身にとっ
　　て問題ないと考える心理である。日本経済はまだダイジョウブと思い込んでいるうちに，
　　ドンドン貧しくなってしまった現状を思い起こしてもらいたい。

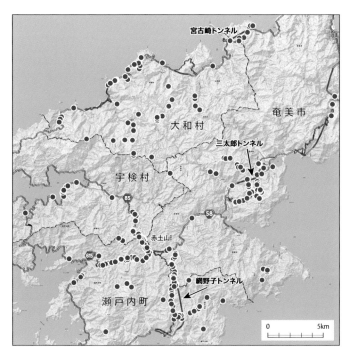

**ロードキル発生地点（2008 年 4 月～2022 年 3 月）**
（環境省奄美野生生物保護センター資料により作成）

### ロードキル発生件数の比較

| 期　　　間 | | 網野子峠 | 赤土山 | 奄美大島全域 |
|---|---|---|---|---|
| 開通前 | 2008.04～2015.03 | 27 | 7 | 89 |
| 開通後 | 2015.04～2022.03 | 28 | 29 | 18 |
| 増加率 | | 103.7％ | 414.3％ | 244.9％ |

（環境省奄美野生生物保護センター資料により作成）

# I-4　アカギ，伐る／伐らない？

　前2節では奄美の固有種について書いたので，本節では外来種について。われながら惚れぼれする話の展開である。

　2023年1月末に開かれた奄美市環境保全審議会で，市が指定する保存樹のうち，アカギをはじめとする外来種を指定解除することが決められた。全国紙を含め数紙が記事を掲載し，審議会に関わった私も取材を受けた。[*]

　世界自然遺産登録を機に，奄美に向けられる外からのまなざしが変わった。より厳しくなった，といってもよい。この報道を本土の人はどう受け取るだろうか。単に指定解除を決めただけなのに，一足跳びに伐る／伐らないを論点とするところが，性急すぎるように感じた。誤解を恐れずにいえば，外来種＝悪と決めつける「事情を知らない本土の無理解な視線」が報道には含まれているような気がする。

　アカギは東南アジアからポリネシアの低緯度域に分布する。沖縄では在来種とされ，[**]「おもろそうし」にもアカギの歌が収録されている。しかし奄美群島・小笠原諸島では人為によって持ち込まれた外来種である。

　アカギは成長が早く，大木になるため，小笠原では薪炭材として導入された。建築材としても有用である。奄美に導入された経緯も，おそらくは小笠原と同様であろう。

　困ったことに，アカギはモノスゴク繁殖力が強い。加えて，湿性の日陰でも生育するため，奄美の植生に入り込みやすい。奄美と環境がよく似た小笠原諸島の母島では，戦前に植栽されたアカギが，アメリカ統治下で放置されて大繁殖し，植生が占拠されてしまった。

　アカギは日本生態学会が指定する「日本の侵略的外来種ワースト100」に入っている。母島のようになったら，もう駆除するしかない。小笠原での駆除の記録を読んで戦慄した。アカギは伐倒しても，切り株からすぐに萌芽する

---

　[*]　「アカギ，「保存樹」指定解除を答申」奄美新聞2023年1月31日。
　[**]　沖縄の首里金城の大アカギは国の天然記念物に指定されている。

「伐っても死なない」木なのだ。幸いなのは雌雄が別木で，雌木だけを選択的に駆除できることである。それだけでも，駆除の手間は半分になる。根元に穴を空けて除草剤を注入して枯死させる[***]。とっても厄介な木であるが，小笠原で開発された駆除の技法は，奄美でも適用可能であろう。

　イヤイヤ，ちょっと待て。問答無用，切り捨て御免でいいのか？アカギは島のあちこちで見るが，とくに学校に植えられていることが多い。名瀬小学校校庭のアカギは，同校のシンボルツリーになっている。小中学校の卒業アルバムでは，アカギを囲んだ集合写真をよく見る(p.27)。

　奄美市名瀬の鹿児島県大島支庁前を流れる，永田川のアカギ並木は，涼しい木陰を作り，川沿いは市民の散策路として親しまれている。郷土史家の岩多雅朗氏によれば，明治期に永田川の流路を変更した時に，堤防を補強するためにアカギが植えられたという。永田川の河床は，隣接する名瀬小学校のグラウンドよりも1m以上も高い。もし永田川が破堤すれば，名瀬市街地が広範囲に浸水する。アカギは洪水を防ぐために植えられたのかもしれない。

　群島各地のアカギは，住民の生活に溶け込み，人びとの思い出の一部に組み込まれ，現在も役割を果たしている。アカギ以外にも，ハイビスカスやヒカンザクラなど，奄美の暮らしや人びとの記憶と分かちがたく結びついた外来種は多い。

　奄美市名瀬崎原(さきばる)のヒカンザクラは，住民が集落の活性化のために，丹精を込めて守り育てた並木道である(p.27)。ヒカンザクラは地域の誇りであり，今では開花期に花見客の車が列をなす名所である。

　モクマオウもまた，戦後導入された外来種である。奄美市笠利町宇宿(かさり うしゅく)では，防風・防砂林としてモクマオウが植栽された。モクマオウは海岸の植生を撹乱する外来種であるが，一方で強風から集落を守ってくれてもいる。

　自然の営為と人の思惑は一致しない。

　日本生態学会の会長を務められた，東京都立大学教授の可知直毅(かち)氏は，アカギについて「将来にわたってきちんと管理できるのであれば，保全上の問題はありません」とご教示くださった。

[***] 葉山佳代 2016．小笠原での除草剤を用いた外来樹木駆除．学術の動向 21(8)：24-27，DOI: 10.5363/tits.21.8_24.

　前述の日本の侵略的外来種ワースト100を決めた学会の会長さんのご発言だから，説得力がある。きちんと管理というのは，種子の拡散を防ぐ措置であり，具体的には枝打ち管理を意味する。2022年の秋，枝をすべて払われ，丸坊主になった永田川のアカギ並木を見て，何もそこまでしなくてもと思ったが，アカギの生態を踏まえた適切な措置であった。

　奄美の林道を走ると，外来種のギンネムが並木道のようになっているところがある。ギンネムはミモシンというアレロパシー物質，すなわち他の種の成長を抑制する物質を放出する。かなり凶悪そうである。

　これこそ皆伐しなきゃと思うが，ギンネムは人間が拓いた，日当たりがよく乾いた土地を好み，鬱蒼とした原植生にはなかなか入り込めない。また種子は落果するだけで，散布力は弱いとされる。そんなに心配しなくてよい。生態系に対する侵襲度は，種によって異なる。奄美の自然を思う情熱は大切だが，同時に外来種を冷静に分析する，醒めた目が求められる。

　もちろん，問答無用で排除しなければならない外来種はある。その典型はマングースである。マングースの導入は大きな過ちであったが，どうやら根絶に成功しつつある。20年にわたる奄美での試みは，人類の貴重な知恵となろう。

　自然環境を大切に思うことは，それこそ大切である。もとのままの姿を取り戻したい，というのは奄美の人びとの切なる願いである。しかしその素朴な願いも，極端な形であらわれては，他方で人の心を傷つけることにもつながることを，アカギはわれわれに教えてくれる。

　アカギを含め，奄美の外来種については，十分な調査がなされていない。とくに世界自然遺産登録地域におけるそれぞれの外来種の分布を，正確に把握しなければならない。また，外来種の繁殖および分布拡大のメカニズムを明らかにする必要がある。

　外来種に関しては，駆除するかしないかの単純な二分法に，議論が陥りやすい。種や場所によっては，生態系に影響を与えないものもありそうである。精密に，詳細に，そして冷静に，外来種の実態を観察・評価し，多くの人びとの考えや思いを結集し，それに基づいて慎重に対応を決めるのが，人間の理性である。人との結びつきが強いものについてはなおさらである。拙速に答えに飛びつくのはマズイ。今は悩みの時間である。

枝打ちされた奄美市笠利町，赤木名小学校のアカギ
（2023 年 1 月撮影）

奄美市名瀬崎原のヒカンザクラ並木
（2023 年 1 月撮影）

# I-5　てげてげな奄美の世界自然遺産

　2021年7月26日，奄美大島・徳之島・沖縄島北部・西表島はユネスコの世界自然遺産に登録された(p. 31)。あれから2年以上が経過しているが，世界遺産になったことで奄美は変わっただろうか？

　まだ2年，それもコロナ禍での登録であり，世界遺産効果といったものはあまり実感されていないように思える。観光客で島が沈みそうになることもないし，急に金回りがよくなった人も見かけない。目に見える効果が出てくるのはこれからであろう。

　2022年度に奄美に暮らして，世界自然遺産関係の会合やイベントに参加する機会があった。とくに奄美市の「世界自然遺産活用プラットフォーム」では，メンバーのみなさんとさまざまな意見を取り交わす機会に恵まれた。

　そこで感じたことは，島の振興を見据えながらも，自然環境の保護・保全に前向きで，開発や観光には抑制的な意見が多かったことである。「活用」プラットフォームでありながら「保全」が議論の中心にあった。これは島民全体に，利用よりも保全が大切という意識が浸透していることを反映している。

　奄美の観光の主体は沖縄とは異なり，個人または少人数のエコツーリズムである。このスタイルは奄美の自然環境にも，島民の意識にもうまくマッチしている。また，モノよりもコト，つまり体験を重視する，現代の都市住民のニーズにも合っている。「自然で飯が食えるか」といわれた時代から取り組んできた，先覚者たちの工夫の積み重ねでもある。

　自然写真家の常田守氏は，奄美市住用町の住用川上流域に観光コースを設定することを提案した。ゴリゴリの自然保護論者が観光開発？　と訝しんだが，その真意は世界自然遺産のコアゾーンへの観光客の進入を防ぐ，いわば「観光の防波堤」を作ることであった。奄美の自然を熟知した人にしかできない提案である。

　自然遺産でありながら，島の文化に対する関心が高かったことにも注目したい。島の独自性や特徴が，シマウタやシマグチ，シマジュウリにとどまらず，

薩摩やアメリカに支配された歴史など，広範な文脈のなかに見いだされた。

　驚いたのは，あまみエフエムの麓憲吾氏のいう「アマチュアリズム」であった。奄美の芸能はひと握りのプロではなく，日々の暮らしを平凡に過ごす人たちが担ってきた。このアマチュアリズムこそが奄美のよさであるという。確かに，相撲も，舟漕ぎも，結婚式の余興も，普通の人がちょっと張り切ってやっている。奄美の文化を担う本質とはこういうものかと納得した。

　島のよさを子どもたちに理解してもらいたいと，教育の重要さを力説するメンバーも多かった。エコツアーガイドの喜島浩介氏は，高校生による昔の奄美の聞き書き活動を提案した。プラットフォームのメンバーの中心は50歳代以上で，ご自身らは方言を禁止された経験を持ち，島のことを学ぶ機会に恵まれなかった。教育の重要性を強調する背景には，大人になってからの彼らの悔恨があるように思われた。

　その一方で，世界自然遺産に登録されたことで，これまで自由にできていたことに，小さな制約や義務がともなうことを危惧する意見もあった。奄美博物館前館長の久伸博氏は，三太郎峠の通行制限や，宇検村で外来種であるハイビスカスが伐採されたことを取り上げ，「世界遺産になってよかったと住民が思うことを作る必要がある」と指摘した。

　さまざまな意見が取り交わされることは，見方を変えれば，世界自然遺産について明確なコンセンサスが形成されていないことを意味する。奄美をどうしたいのか，もちろん一つの意見に押し込める必要はないが，正反対を向いていては，利害が衝突してしまう。

　21世紀に入り，多様な価値観を認める「ダイバーシティ（多様性）」という言葉が，一時学問の世界ではやったことがある。しかしあんまり頭のよくない学者どもが，ダイバーシティとは「何でもアリ」だと誤解して，議論が成立しない学会発表や論文が続出した。そういう手合いは，反論されると「それはダイバーシティですから」などと言って逃げる。何でもアリは結論じゃない。多様な考え方の先には，多様性を収束させる「調整」が控えている。

　しかしながら，この調整の方法論が，実のところ確立されていない。調整抜きで誰かが勝手に決めてしまうと独裁である。多数決は民主的だけど，少数派が無視されては，みんなが納得する調整とはいえない。

　日本本土ではいわゆる「空気」が，調整の役割を果たす。「空気を読む」というヤツ。あるいは同調圧力。言いたいことは言えない。いつまでたってもわだかまりが残る。会議なんかで流れる，あの淀んだ空気，ああ，イヤだな。

　奄美にいて思った。奄美の調整原理は「てげてげ」である。てげてげにはいい加減という意味もあるが，ちょうどいいように塩梅することが本来的な意味であろう。「適切に」も近いが，もうちょっとゆるい。懐が深い。いろんな意見をてげてげに塩梅する知恵が，奄美にはある。

　てげてげ調整の潤滑油が「寛容」である。

　不寛容は匿名性の高い社会で顕著である。都市社会はまさにこれである。最近ではネット上の心寒くなるような言説もあるな。

　一方，寛容は規模の小さな地域社会の特徴である。小規模な地域社会では，深刻なぶつかり合いも起こるが，時間がたつとお互いを許し合う。今ではあの「保徳戦争」でさえ，昔を懐かしむように語られる。対立していた相手とも笑顔で接する。狭いシマで仲違いしたままでは，日々の暮らしに支障をきたす。寛容とは，違った考え方を理解し，認め合うことであり，小さな地域社会で人びとが共存するための知恵である[*]。

　奄美にとっての世界自然遺産とは何か。それを求めて，悩みの期間はもうしばらく続くだろう。いまはまだ，何を議論すればよいかすらがわかっていない段階にある。自然環境の保全と利用は対立軸となりうるが，争点となる具体的な問題は，奄美ではまだ顕在化していない。嵐の前の静けさなのかもしれないが。

　ひとたび問題が露わになると，激しい対立が起こるだろう。しかしそれを乗り越える寛容が，奄美にはあると信じたい。

　ひと言で言い切る必要も，すぐに答えを出す必要もない。みんながスッカラカンになるまで意見を出すから，てげてげ調整には時間がかかる。でもみんなが納得できるところに落着する。多様な意見をてげてげに調整することで，奄美らしい，他にはない世界自然遺産ができあがるはずである。

---

　＊　アマミノクロウサギら野生動物が原告となった「自然の権利訴訟」にみるように，奄美では問題が先鋭化しても，当事者どうしが正面衝突することは極力避ける。相手の息の根を止めることはしない。これもてげてげ調整の一つである。

世界自然遺産登録決定の瞬間（2021 年 7 月 26 日）

（南海日日新聞社提供）

# 小括①　自然環境と奄美の自己決定<sup>*</sup>

　世界自然遺産登録後に起こりうる変化に，島の人びとが身構えているように見える。観光客が押し寄せて海や森が汚されないか，今までの穏やかな暮らしがかき乱されないか。期待と懸念が入り交じる。

　自然環境と人間の関係をめぐる論点は，「利用と保全」に集約される。利用とは自然環境に働きかけて利益を得ようとする行動であり，保全とは自然環境をもとのままに維持しようとする考えである。「SDGs（持続可能な開発目標）」は，両者の折衷案であるが，抽象的な理念にすぎない。保全と利用は対立する。

　奄美群島では，観光を中心とした経済の活性化に対する期待が高まっている。「利用」への関心は高い。その一方，マングースの完全排除は目前であるし，金作原原生林や三太郎峠の利用ルールも確立しつつある。ノネコ・野良猫対策も進んでいる。「保全」に対する意識も高い。

　利用と保全の両立は，ブレーキとアクセルをいっしょに踏むような行為でもある。アクセルを踏めば脆弱な奄美の自然環境は確実に破壊される。ブレーキを踏めば観光客の誘致が難しくなる。

　そもそも，何のために自然環境を守ったり使ったりしなければならないのだろうか。本質的に，保全と利用は著しくアンバランスな論点である。

　利用の目的はハッキリしている。経済的な利益の獲得である。群島経済の再建は長年の課題である。自然環境がお金を生むとなれば，経済的に利用することに，多くの島民が説得力を感じる。それは単純明快な経済のロジックである。

　保全はどうだろう？　保全を訴える言説は，実に理屈っぽい。理屈っぽいのは，論理の欠落を，言葉で埋めようとするからである。饒舌に言葉を重ねることで，保全は「論理」ではなく「情動」に基づくことが，かえって露呈する。挙げ句の果てに「ふるさとの大切な自然だから」「ここにしかない貴重な自然だから」と情緒に逃げこんでしまう。大切も貴重も，主観的な感想にすぎない。利

---

＊　この小括は，「世界自然遺産と奄美の自立 ⊕ ⊝」（南海日日新聞2021年8月27・28日）を加筆修正したものである。

用と保全の議論は，かみ合うことなく平行線をたどる。

　奄美群島には，本土からやってきた開発に対して敢然と闘い，これをはね返した歴史がある[**]。保全という情動が，多くの人びとの心を捉え，群島全体のコンセンサスが形成されてきた。それはおそらく，奄美の自然環境が人びとの身近にあるからであろう。自然環境を通じて共有された経験が，奄美の人びとを結びつけた。それが共通の価値観を醸成する。情動が共感を生んだ。

　しかし保全が人びとの感情や気持ちのレベルでしか説得力を持たないとなると，保全の訴えは島外の人びとには届かない。島外の人びとは島の人びとと同じ経験を共有できないからである。

　島外の人びとは，別のものさしを使って奄美の自然の素晴らしさや貴重さを理解するしかない。世界自然遺産は，島外の人びとが頼りにできる，価値のものさしである。しかし彼らを迎え入れるためには，ホテルや観光施設を作らなければならない。つまり「利用」が必要である。利用は保全と相反するが，ぐるっと回って両者は否応なく接合する。

　保全にせよ，利用にせよ，決定するのは奄美の人びとでなければならない。あまみエフエムの麓憲吾氏は，2021年7月23日のブログで「島は経済も自然も国に守られている」とやや自嘲を込めて語っている[***]。しかし麓氏は「文化ぐらいは自分たちの手でなんとか守りたいものだ」と続ける。

　自然環境とのつきあい方をどうするのか，正解はわからない。しかし，奄美は自分たちで決めなければならない。自分たちで決めないと，主導権は島外に持ち去られてしまう。自分たちの島を，自分たちの自由にできなくなる。

　本土の大手観光資本がリゾート開発を進めた島は，まるで植民地のようである。島民所得はわずかに上がるが，利益の大半は島外にさらわれてしまう。

　本土や海外の環境保護団体が，独善的な価値観を押しつけ，地元の人びとの声に耳を傾けない例も見受けられる。自然を守るといいながら，地域の文化や歴史的背景を無視した「自然環境原理主義」は，文化的な侵略行為である。

　容易に答えの出ない問いではあるが，奄美の自己決定を応援したい。

---

[**]　齋藤　憲・樫本喜一 2019.『奄美 日本を求め、ヤマトに抗う島──復帰後奄美の住民運動──』南方新社.
[***]　麓　憲吾「島興しは島戻し。」https://kengo.amamin.jp/d2021-07-23.html（最終閲覧日：2023年8月26日）

# II　シマの文化景観

大和村今里の立神
（2023 年 8 月撮影）

「奄美らしさ」は自然環境とともに，人の営み，すなわち「文化景観」にも見いだすことができる。景観はただの景色ではなく，それを形作った人びとの意志や知恵，そしてそれらの蓄積である歴史を反映する鏡である。奄美の文化景観をみれば，先人が築きあげたシマの姿を見いだすことができる。

# II-1　島のシマ

　奄美群島には「島」と「シマ」がある。いや，島の中にシマがある，といった方がよい。非常にややこしい。「しまっちゅ」という言葉が出た時は要注意である。「島ッチュ」か「シマッチュ」かを瞬時に判断しないと，話の勘どころを外してしまう。

　「島」はまわりが海で取り囲まれた陸地を指す。だからアイランド。これはわかりやすい。問題は「シマ」の方である。現在では，シマは集落という言葉で置き換えられるが，集落はシマという言葉の，ほんの一部の意味しか含んでいない。

　集落とは，人間が集まって居住する空間を指し，内部に居住・生産のための，住居・農地・森林・海浜などを含む。その範囲は地図上に線を引いて示すことができる。集落はシマの空間的な側面を指す。

　奄美の自然は美しいが，時として人の命をも脅かす猛々しさを持つ。ハブや感染症の脅威に満ちている。自然のままの島では，おちおち昼寝もできない。しかしシマの中ならば安全である。安心して子育てができ，語らいを楽しむことができる。人の生存を保障するために人為的に構築された空間，というのが奄美のシマの第一義である。自然の中の小さな安全地帯，まさに大海に浮かぶ小島のイメージである。

　一方でシマは生産の枠組でもある。極端な例は，奄美大島南部で 1960 年代まで続いたカツオ漁業にみられる。宇検村宇検では，シマの全世帯がカツオ組合に入り，カツオ漁と鰹節作りに総出で当たった。利益は世帯全体で均等配分された*。共有林の管理や共同商店の経営も，シマを単位とし，利益はシマの世帯に平等に還元された。シマの基本原理は「平等」であった。

　しかし奄美のシマは，空間や生産の観点だけでは説明できない。奄美でシマを語る時には，むしろ人に力点が置かれる。

　奄美の人間関係はとても濃厚である。濃い関係性はシマによって形作られた。

---

＊　須山　聡 2014.『奄美大島の地域性──大学生が見た島／シマの素顔──』海青社.

シマは互いに隔てられ，孤立していた。シマのメンバーは常に固定的で，シマではいつも同じ人と顔を合わせる。それは閉鎖的な社会ではあるが，反面，個人の存在が大きな意味をもつ社会であり，人と人とが強く結びつく社会でもある。

　お互いの性格や特徴を，シマのみんなが熟知している。いつもは役に立たない酔っ払いのオジ（じいさん）だが，ウタは天下一品，やんちゃなネセ（若者）だが相撲は無双，といった具合である。小さなシマ社会では，誰もが何らかの役割を担う。くだんの酔っ払いオジだって，豊年祭ではスターである。シマではどんな人にも，活躍の場が用意されている（p.39）。

　集落という言葉には人間の要素が希薄である。一方，シマは人間関係の基本的な枠組である。だからこそ，言い換えがきかない。

　人間関係に注目すると，シマの範囲は拡大する。畏友である瀬戸内町図書館・郷土館の学芸員，町健次郎氏は「郷友会って，シマじゃないですか」と指摘した。郷友会は，都市においてシマ単位で組織される同郷団体である。

　シマを離れた人びとは，郷友会を通じて同じシマッチュと助け合った。他人ばかりの都会にやってきた人びとは，食料を分け合い，お金を融通し合った。住むところも仕事も結婚相手も，郷友会のつながりで見つけることができた。

　都会であっても，シマの仲間が寄り集えば，そこはシマなのだ。町氏の言うとおり，郷友会は都会のシマだった。シマとは場所ではなく，人によって作られる。

　驚くことに，本土の大都市ばかりではなく，名瀬や古仁屋，亀津にも郷友会はあった。いや，現存する。シマの人びとにとって，シマの外はすべて異郷であった。その意味では，名瀬もまた東京や大阪と変わりない。同じ島にあっても，マチは遠い存在だった。

　ことに群島全域から人口が流入した名瀬には，多くの郷友会が作られ，相互扶助の役割を果たした。2002年の段階で，南海日日新聞の広告から確認できた郷友会の数は63あった。[**]マチのなかにシマがあったのである。同じシマの

---

**　名瀬の郷友会では，豊年祭などの行事開催と，出身者の死亡広告を掲載した。これらの広告をカウントすることで，郷友会の存在を把握することができる。須山　聡 2003．奄美大島，名瀬の郷友会──組織の機能と空間的性格──．平岡昭利編著『離島研究Ⅰ』海青社，41-57.

出身者は，市街地の特定地域に集住し，近くの公園でシマの八月踊りを踊ったり（p. 39），貯金会（頼母子）でお金を融通し合ったりもした。シマを離れていようとも，同郷者がともに暮らしていれば，そこはシマと同じである。

　名瀬は，群島各地からの移住者が構成する小さなシマが，群星のように集まる混住社会であった。この構造は，日本中から地方出身者が集まる東京，さらには世界中から人びとが集まるニューヨークやロンドンと，基本的には同じである。

　名瀬の郷友会は，移住第一世代が高齢化したことで，その役割を終えようとしている。しかし今では，中学校・高等学校のつながりが，人びとを結びつけるシマの役割を継承しているようである。ことに奄美群島では，仕事の上でも，同級生・同窓生がとても頼りになる。多くの人びとがこのことを実感しているであろう。

　シマは場所を意味するのみならず，人と人とを結びつけ，共通の価値観を醸成するゆりかごである。同じシマに帰属するという意識が，共感を生む。それはマチで生まれた二世以降にも引き継がれている。こうなるともはや，シマ自体が一つの価値観をなすといってよい。共通の価値観による，人と人との結びつきは強い。

　生まれ育った富山を離れて40年。茨城県に住み，東京で働く私には，それがとてもうらやましい。現代の都市住民の多くはディアスポラ（diaspola；失郷者）であり，自分を土地に結びつける紐帯をもたない。私も含め，都市生活者は浮き草のごとく都会を漂う。

　イー・フー・トゥアン（Yi Fu Tuan, 1930〜2022）というアメリカの偉い地理学者***は，場所に対する愛着を「トポフィリア（topophilia）」と表現した。トポフィリアは，温かくも切ない，場所に対する感情である。ふるさとへの想いや，旅の思い出などは，まさにトポフィリアの表出である。シマはトポフィリアが形となったものである。

　生まれたところでもないのに，勝手に奄美にトポフィリアを抱く私は，どこかのシマを終の棲家としたいと願っている。

***　トゥアン, Y. F. 著, 小野有五・阿部　一訳 1992.『トポフィリア——人間と環境——』せりか書房.

**宇検村宇検の八月踊り**

（2015 年 9 月撮影）

**奄美まつりでの在名瀬郷友会の八月踊り**

（南海日日新聞社提供）

# Ⅱ-2　シマのコスモロジー

　コスモロジー(cosmology)とは宇宙論とか宇宙観という意味である。シマは小さな宇宙である，というのが本節のお話。なんだか気宇壮大。

　シマは人の生存を保障するために人為的に構築された空間である。シマには生存に不可欠な，家や畑や山や海がワンセットになっていた。すべてがそろっているから，シマから一歩も出ないで一生を過ごした人もいたに違いない。

　世界中の農耕集落では，居住域・耕作域・非居住域が同心円状に配列される[*](p. 43)。居住域は家屋が集中する生活の場である。耕作域には水田や畑などが含まれる。非居住域の大部分は森林である。居住域は生活・消費の場であり，耕作域・非居住域は生産の場である。農地だけではなく山だって，生活に必要な燃料や木材を供給した。性格の違うこれらのゾーンを組み合わせることで，ヨソからものを買わなくても，暮らしを立てることができた。身近な奄美のシマを思い浮かべると，これらのゾーンがあることに気づくだろう。

　居住域には家屋だけでなく，商店や，学校・公民館などの公共施設が立地する。現在の耕作域でおもに作られる作物はサトウキビと果樹であるが，1970年代前半まではイネとサツマイモ，もっと前にはアワやサトイモ(ターマン)が主穀であった。非居住域では木材や木炭がとれるだけでなく，焼畑(アラジバテ)で雑穀や豆類が栽培された。困窮時にはソテツが利用されたし，臨時の開墾地(ヤドリ)が拓かれることもあった。繊維原料のバショウ(バシャ)も山から採れた。

　衣食住すべての材料が，シマの中で確保できた。これにサンゴ礁を含む沿岸域が加わり，さらに生活を豊かにした。

　シマの居住域はサトとカネクに分けられる。サトはシマの起源地とされ，草分け的なイエ，宗家が立地した。カネクは新しく，分家やあとから来た人びとが住みついた。

　サトは内陸側にあり，カネクは海岸沿いに細長く伸びる。地形からみると，

---

　＊　中村和郎・手塚　章・石井英也 1991.『地域と景観』古今書院.

サトは小規模な扇状地(alluvial fan)，カネクは海岸砂丘(coastal dune)上に立地する。

　扇状地と海岸砂丘は，ともに水はけがよい。サトとカネクはからりと乾いた土地で，害虫が少なく，食料が傷みにくい。だから感染症や病気を回避できる居住適地であった。今では想像できないが，古くなった食料を食べて腹をこわしただけで，命を失うことだってあった。

　安全な水源は，扇状地と山の境界に湧き出る湧水，または小さな川に求められた。前者がイジュンであり，後者がゴーである。乾いた土地でありながら水が得られることが，サトに早くから人が住みついた理由である。イジュンやゴーの存在は，シマの起源を示す。また微高地であるため，水害を避けることができた。

　住みやすさではサトが有利であった。後発地域のカネクでは，往々にして井戸水に塩が混じり，海からは強風が吹きつける。海岸にはもともとアダンが分布し，砂丘の飛砂を防止していた。加えて屋敷まわりには樹高の高いガジュマルやデイゴ，フクギなどが防風・防砂林として植えられ，サンゴ垣が高く積み上げられた。

　カネクは後発地域だが，戦後はシマの中心がカネクに移った。自動車が通行できる道路が海岸沿いに整備されたことにより，カネクはシマの玄関口となった。共同商店や公民館も，土地に余裕のあるカネクに立地した。

　シマの起源地であるサトには，ミャー(マー，ミヤなどともいう)やトネヤなどの祭祀施設がある。旧暦8月15日や9月9日に催される豊年祭は，ミャーを中心に執り行われた。

　奄美の古い信仰は，祖霊崇拝を基盤としていると考えられる。豊年祭は祖霊を迎え，ともに過ごし，豊作やシマの安寧を祈願・感謝する儀礼である。祖霊はカミヤマ(テラ，オボツヤマ)に降り立ち，カミミチを通ってシマの中心であるミャーにいたる。ミャーでは祖霊をもてなすために相撲や八月踊りが披露される。祖霊はシマッチュとともに過ごし，カミミチを通って立神からあの世に還る。祖霊の来訪から帰還までが，豊年祭の一連のストーリーである。

　アメリカの文化人類学者クリフォード・ギアツ(Clifford Geertz, 1926～2006)

---

** ギアツ，C.著，小泉潤二訳 1990.『ヌガラ——19世紀バリの劇場国家——』みすず書房.

は[注]，インドネシアのバリ島にあった小王国（ヌガラ）は，儀礼，すなわち祭りを執り行うことを目的とする国家であったと指摘した。にわかに理解しがたいが，バリ島ではお祭りが国家統治のための最有力手段であった。お金やモノで人を縛らず，権威を演出することで人びとを服従させた，といってもよい。

　奄美のシマもバリ島と同じである。カミヤマから立神まで，シマに配置された祭祀施設は，儀礼というお芝居の舞台装置である。豊年祭はシマ全体を舞台とする演劇であった。奄美のシマもまた，バリと同様，儀礼を執り行うためにしつらえられた舞台空間であった。先ほどバリの儀礼をにわかに理解しがたいと述べたが，奄美の人びとにとってはむしろわかりやすいのかもしれない。

　面白いのは，演じられる儀礼のストーリーである。シマの儀礼は祖霊との再会と別れをテーマとするが，シマの起源を再確認するサイドストーリーが組み込まれている。儀礼を司るノロは，サトのイジュンから水を汲む。サトは水源があるからこそ立地した。シマの立地を決定づける水源を儀礼に組み込むことで，シマのはじまりが無言のうちに伝えられる。

　暮らしも祈りも，すべてがシマの中で完結している。シマを小さな宇宙という理由がここにある。

　しかしシマという小宇宙は，完全な孤立状態にあったわけではなかった。黒糖はもとより，鰹節・木材・大島紬と，シマから産出される資源は本土に運ばれた。それが正当な対価によって贖（あがな）われたとはいいがたいが。明治期以降は，人までが本土に流出した。本土からはさまざまなモノがもたらされ，シマの暮らしは激変した。いまや本土と結びつかなければシマは存立し得ない。

　シマは本土がもたらす便利さと引き換えに，自身の自立性や個性を手放したようにも見える。それはシマにとどまらず，島全体に対してもいえることかもしれない。

　それだけを取り上げれば，シマらしさが失われることに危惧を抱く人もいることであろう。しかし，そう悲観する必要はない。長い間，シマは外部との交渉をもちながらも，個性を保ち続けた。琉球に起源をもつノロ祭祀は，260年の薩摩支配においても残った。シマはしぶとくしたたかである。自らの姿を保ちながら，使えるもの，必要なものは外から受け入れる。それこそがシマのコスモロジーの特徴である。

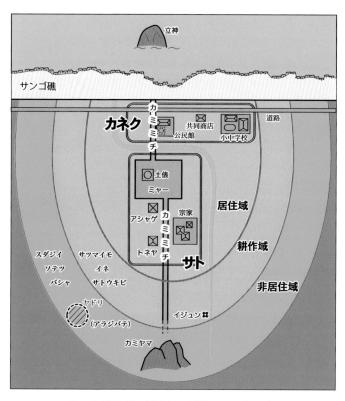

シマの空間モデル（須山（2014）前掲 p. 36 より引用）

# Ⅱ-3　災害とシマ

　奄美群島のシマは，生産・生活に必要なすべての資源がそろった，自己完結的な小宇宙である。居住域を耕地と林地が同心円状に取り囲み，多くのシマはサンゴ礁に面している。作物が作れて，燃料や建築材料が確保できて，海産物が獲れる。居住域には祭祀の舞台となるミャーやトネヤがあり，相撲や八月踊りが楽しめる。シマから一歩も出なくても，自給的な生活が可能であった。

　もちろん，これは今となっては大昔の話であり，学校も病院もスーパーもなくては，現代の生活は成り立たない。自己完結とはいっても，今の暮らしから見たらないものだらけである。急峻な山地に囲まれた孤立的な立地は，とても不便であった。

　集落は人間の生存を保障する空間である。生存保障のためには，命を守ることが第一条件である。この考えは，昔も今も変わらない。公衆衛生と医療が未発達な時代には，感染症や風土病が人びとの生存を脅かした。かつては蚊に刺されるだけでも，命とりになることがあった。日本にはさまざまな災害が起こるが，奄美群島では台風による水害・土砂災害のリスクがことに高い。つまり，病気と災害を避けることが，生存のためには肝要であった。

　地理学では，集落の立地は重要な研究課題である。集落立地を規定するものは，生産基盤・交通路・他集落との距離・政策など多様であるが，最も基本的な条件は地形と水利である。

　前節で示したように，奄美群島の多くのシマは一般的に，起源地のサトと，その後開発されたカネクから構成される。サト・カネクとも，シマ全体を指す地名となっている場合もあるが，本来はシマの開発過程と地形に対応している。

　サトは，山から流れ下る小さな河川が山麓の平野に形成した，扇形の緩やかな斜面，扇状地上に立地する。一方カネクは，海岸部に形成された海岸砂丘に立地する。海岸砂丘は主に風によって砂が堆積した地形である。

　サトは古く，カネクは新しい。シマの旧家や祭祀施設の多くは，サトに立地する。もっとも，多くのシマでは日本復帰後にカネクに公民館が建設され，土

俵を公民館の前庭に設置した。シマとシマを結ぶ道路が海岸沿いに開通したこともあり，集落の中心がカネクに移動した。

　対照的なサトとカネクであるが，共通点がある。どちらもまわりよりもちょっとだけ高く，乾燥した土地である。サトが立地する扇状地は山すそにできるので，見た目に高いことがわかる。カネクがある海岸砂丘は結構微妙で，標高差にすると１ｍ未満というシマもある。おおむね，太平洋側に立地するシマの海岸砂丘は高く，東シナ海側では低い。

　高等学校の地理教科書では，扇状地・海岸砂丘とも，水を通しやすい礫や砂<ruby>礫<rt>れき</rt></ruby>でできているため，居住には不適であったとか，開発が遅れたと記載されている。本土の場合，平野の規模が大きく，扇状地や海岸砂丘上で水を確保するためには長距離の送水を要する。奄美群島の平野は小規模で，扇状地といっても直径500ｍ以内に収まる。水の確保は，集落の重要な立地条件であるが，扇状地・海岸砂丘から外れた場所に，湧水や小河川があれば，水利の問題はない。

　扇状地や海岸砂丘のように，乾燥していると何がよいのか？　低湿な場所では蚊が繁殖し，マラリアや日本脳炎などの重篤な感染症を媒介する。また，低いところに溜まった水には細菌が増殖し，コレラや赤痢など消化器系感染症を引き起こす。近代までは感染症が日本人の死因のトップであった。感染症のリスクを避けるためには，良好な生活環境，すなわちジメジメしていない場所を選ぶ必要があった。

　サトとカネクはからりと乾いていて，きれいな水が確保できる。カネクでは海からの強風が直接当たるため，防風林やサンゴ垣をめぐらす必要があったが，代わりに漁撈や海運の利便性が高かった。総体としては，サトの方が居住環境は良好であったが，海岸沿いの道路によって他集落と結ばれるようになってからは，カネクの利便性がさらに向上した。

　高い土地にはもう一つのメリットがある。水害対策の基本は，高いところに逃げることである。わずか数十ｃｍでも高ければ，浸水のリスクは大幅に低減される。地形図の等高線では表現できないようなわずかな高まりが，水から人を守る。

　サト・カネクともに周囲よりは高く，浸水を避けることができる。2010年10月の奄美豪雨では，奄美大島の多くのシマが浸水被害を受けた。奄美市が

2013年に刊行した『平成22年10月奄美豪雨災害の検証』には，奄美市名瀬知名瀬の浸水範囲が示されている(p. 47)。それによると，シマ東部の山麓に当たるサトの部分はほとんど浸水せず，海岸部のカネクは一部浸水したものの，浸水位1m未満であった。<sup>*</sup>

　大きく浸水したのは，サトとカネクに挟まれた地域であった。この地域は地形学で後背湿地(back marsh)と呼ばれる場所で，もともとは水田を主とする農地として利用された。後背湿地は居住には不適だが，シマの重要な農業生産基盤であった。米の生産調整が始まった1969年以降，後背湿地は生産基盤としての意味を失い，住居に転用された。

　先人たちは，シマの立地を選定する時に，土地の条件を実に精密に観察していたことがわかる。病気と水害のない場所を巧妙に選択し，居住不適地を農地として活用した。こうした知恵が忘れ去られた結果，今では建ててはイケナイ所に家が建っている。昨今，奄美でも水害が相次いでいるが，シマの成り立ちを理解すれば，今後の防災に役立つ。

　2010年水害を調査して驚いたことがもう一つある。知名瀬では，動けなくなった高齢者を救出するため，祭りの舟漕ぎ競争で使う舟を「救命ボート」として利用した。さらには集落内に入り込んだ水を排水するため，川の堤防をショベルカーでぶち破ったという。トンネルが土砂で閉塞され孤立した，大和村大棚では，共同商店が在庫の食料を放出して炊き出しを行った。

　シマッチュは，どこに誰がいるか，今自分が何をしなければならないかを瞬時に判断して，誰に言われることなく動くことができる。シマでの自分の立場や役割を，各自が自覚している。人と人の結びつきが強いシマだからこそできる臨機応変の対応であった。

　今の価値観では，不便で小さなシマではあるが，シマは先人の知恵の結晶である。私はシマ自体が，貴重な「奄美遺産」であると考えている。<sup>**</sup>シマのことをもっとよく知る必要がある。

---

　\*　奄美市「平成22年10月奄美豪雨災害の検証」https://www.city.amami.lg.jp/somu/bosai/bosai/documents/kiroku.pdf（最終閲覧日：2023年8月26日）
\*\*　「奄美遺産」は，元奄美市立奄美博物館長の中山清美が構想した，総合的な文化財保存の枠組みである。宇検村・伊仙町・奄美市 2011.『宇検村・伊仙町・奄美市による歴史文化基本構想』.

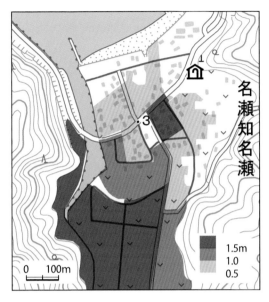

名瀬知名瀬

1.5m
1.0
0.5

0　100m

**奄美市名瀬知名瀬の浸水域(上)と浸水状況(下)(2010年10月20日)**
(奄美市『平成22年10月奄美豪雨災害の検証』により作成・引用)

# Ⅱ-4　高倉は語る

　高倉は奄美のシマを特徴づける景観である(p. 51)。しかし，茅葺き寄棟屋根の高倉ははとんどなくなり，残っているものもトタン葺きの四角いUFOみたいな形をしている。シマらしい景観を調べようと，2006年に駒澤大学の学生たちが龍郷町秋名の高倉を調査したことがある。

　秋名に高倉がどのくらいあるかを当時の区長さんにたずねたら「30くらいはあるよ」というお答えだったが，実際には10棟あまりしか残っていなかった。急速な減少には区長さんも驚かれたようで，それならばと，学生たちは高倉が姿を消した理由を調査テーマとした。

　高倉はもともとが米の貯蔵庫であり，減反政策によって稲作がほぼなくなった1970年代以降，使われなくなった。用途が失われたものはなくなるのが当然である。学生たちの調査テーマは，ものの1時間くらいの聞き取り調査で答えが出てしまった。

　ツマラン，これでは調査にならん！　学生たちは拍子抜けしたようだが，ここからが本番である。逆に，10棟あまりとはいえ，高倉が残っているのはなぜか？　残っていることには意味があるに違いない。高倉の持ち主に，高倉にまつわる話をいろいろ聞いてきなさい，と学生たちに檄を飛ばした。学生たちは，すべての高倉の持ち主から聞き取り調査を実施した。

　人びとが発する主観を交えた言葉を，ディスクール(discours; 言説)という[*]。客観性を重視する従来のサイエンスでは，主観が混入するディスクールはむしろ研究の妨げとされた。しかしディスクールは社会的・地域的な背景のもとに発せられる。つまり，ディスクールを収集することで，発言の背後に潜む社会的・地域的な意味を知ることができる。

　学生たちはいろいろな話を聞いてきた。いきなりやってきた都会の若者が，古ぼけた建物のことを尋ねるのである。持ち主さんたちはさぞかしビックリし

---

[*]　ディスクールを学問の対象として規定したのは，フランスの社会学者ミシェル・フーコー (Michel Foucault, 1926〜1984)である。フーコー, M.著，慎改康之訳 2012.『知の考古学』河出書房新社.

たことだろう。それでも温かく迎え入れてくださり，なかにはちゃっかりお昼ご飯までご馳走になった者もいた。なかなかに筋がよろしい。

　学生たちは集めた言説の分析に取りかかった。その結果，高倉にまつわる言説は「記憶の再生装置」「文化財としての価値」の2要素から構成されていることがわかった。

　秋名の人びとの言葉には「父が大切にしていた」「思い出が詰まっている」「親が守ってきた」など，家族の記憶をともなう発話が多くあった。高倉は話者が幼かった頃や，家族の思い出と強く結びついていた。高倉のことを聞いているのに，高倉そのものの話はほとんど出てこなかった。

　高齢になった秋名のオジやオバは，遠いところを見るような目をして，自分と家族と高倉の物語を語った。再生装置とはそのような意味である。高倉をなくすことは家族の記憶を失うような気がするのであろう。

　一方で「文化財」「文化的価値がある」という言説も同じくらいあった。こうした発話は，議員・役場職員・医師など，社会的地位のあった方の親族から多く聞かれた。高倉が奄美の独自性を示す建築物であることは，奄美以外の地域と比べてみないとわからない。これを相対化というが，奄美から出ずに暮らしていると，ほかの地域との比較はできないから，文化を相対化するにはいたらない。高倉の文化的価値を認識するということは，奄美の文化を相対化した結果である。

　それでは文化的価値を認識した人びとは，自力でこうした価値観を作り上げたのかというと，それは違う。価値の相対化は多くの場合，外からもたらされる。具体的には，本土の学者や芸術家が作った価値観である。社会的地位の高い人びとは，本土の「偉い人」との接触機会が多かった。彼らが本土の価値観を理解し，受け入れ，自分の中に取り込んだものが，文化財としての価値というディスクールである。

　それまで当たり前だと思っていたもの，むしろおくれた文化だと思っていたものが，本土の偉い先生から褒められたのである。高倉，ひいては奄美の文化の相対化は，同時に彼らに自信や誇りを植えつけたにちがいない。

　記憶の再生装置という言説は，高倉に直接関わった人びとだけのものであるが，文化財としての価値は，家族に限らず多くの島民が共有できる。言説分析

からは，高倉のもつ価値の二重性が見て取れる。

　高倉の多くは取り壊されてしまった。本来の高倉は現実の生活から切り離され，すでに文化的な展示物である。

　しかし，高倉は新たな形で活用されている。典型的な例が奄美空港である。ターミナルビルの三角屋根を目にした方は多いだろう。奄美市笠利町節田の奄美パークにある，田中一村記念美術館は，優美にカーブした寄棟屋根と，存在感のある柱をもつ建屋を3棟連ねた，重厚な高倉建築である (p. 51)。観光客が訪れる施設に限らず，奄美市役所や，市営・県営住宅にも高倉のデザインが採用されている。現代建築に取り入れられた高倉のデザインを，私は勝手に「ネオ高倉」と呼んでいる。[**]

　ネオ高倉は奄美大島北部を中心に約40件が確認されている。空港や観光施設だけなら，観光客の目を意識した演出と理解できるが，集合住宅や公共施設にも用いられている。住民の日常生活の中にネオ高倉は取り込まれ，ここは奄美であること，そして自分たちはシマッチュであることを主張する。ネオ高倉はいわば，奄美アイデンティティの表れである。

　ネオ高倉が建てられはじめた1980年代以降は，シマグチやシマウタが教育の現場で復権し，住民みずからがシマらしさを改めて追求する動きが活発化した。ネオ高倉の創造も，この流れの中に位置づけることができる。

　ネオ高倉のデザインは，本土の建築設計事務所が担当した例が多いという。ネオ高倉は本土のアイデアであり，奄美に対する本土の視線の表れ，と見ることもできそうである。そうなると「奄美らしさ」「シマらしさ」という考え自体が，本土から与えられた価値観，ということになるのかもしれない。ネオ高倉は奄美のオリジナルなアイデアだと思っていたのであるが，これもまた，文化の相対化だろうか……。

　このように見ると，高倉という一つの景観構成要素が，さまざまな意味を内包していることがわかる。学生たちは，図らずも重要な発見をしていた。彼らを褒めてやってほしい。

----

[**]　地域の建築を現代的に再解釈した典型例が，沖縄県竹富島のリゾートホテル「星のや竹富島」である。単なる商業主義を越えて，赤瓦建築や竹富集落に対する深い理解がうかがえる。星のや竹富島 https://hoshinoya.com/taketomijima/（最終閲覧日：2023年10月5日）

**大和村大和浜の群倉**
（2023 年 8 月撮影）

ネオ高倉の例，奄美パークの田中一村美術館
（2010 年 6 月撮影）

# Ⅱ-5　ケンムンの島

　奄美にケンムンという妖怪がいることは，子どもに買ってやった『けんむんのがぶとり』という絵本で知った[*]。子どもたちはケンムンに強い興味を示し，釣りをしていてぱたりとアタリがこなくなると「ケンムンが来た」などと言うようになった。私ははじめ，全然本気にしていなかったのだが，奄美に通ううちに「そういうのがいてもおかしくないな」と思うようになった。以来，家族で楽しくケンムン話を語り合っている。

　名越左源太の『南島雑話』や恵原義盛の『奄美のケンモン』をはじめ，ケンムンに関する書籍や論文は多い。山で道に迷ったとか，ナメクジを食わされたとか，相撲を取り続けたとか，それらに登場するケンムンは禍々しい魑魅魍魎ではなく，どちらかといえばユーモラスである。なんとなく，ゆるい。実際に山でこんなのに出くわしたら，心底肝を冷やすとは思うのだが。

　奄美のケンムン譚には，フィクションとは言い切れないリアリティがある。飲み会の座興で聞くと，若い人でも「ケンムン，いるっち」と結構真顔で応ずる(p. 55)。その背景には，奄美の豊かな自然がある。こんな山なら，ケンムンが出てもおかしくないと思ってしまう。ケンムンは奄美の自然を具象化した，いわば自然の化身である。

　ケンムン話をする時，人びとの脳裏には必ず，奄美の奥深い森や，霊気を漂わせるガジュマルのイメージが浮かぶ。妖怪を英語にするとゴーストとかモンスターであるが，ケンムンはむしろスピリット(spirit; 精霊)に近い。花の精とか，森の精霊というヤツである。

　奄美の自然環境は，人間にとって好意的とばかりはいえない。シマとシマとを隔てる山地は急峻で，人を寄せつけない。ハブが徘徊して危険きわまりない。台風で水害が頻発する。感染症や不衛生な水も人命を脅かした。

　自然の猛威に対して，人間が安全に暮らせる場所がシマである。シマにいれ

---

[*]　嘉原カヲリ・田畑千秋 2003.『けんむんのがぶとり』奄美民話の会.
[**]　名越左源太 1984. 前掲 p. 5, 恵原義盛 1984.『奄美のケンモン』海風社.

ば，水害に遭わず，ハブに咬まれず，病気を心配しないで済む。

　奄美の自然は，人が入り込んではいけない「異界」であった。人間はシマの外では生きてゆけない。自然の精であるケンムンは，間違って異界に踏み込もうとする人を阻み，本来いるべきシマに追い返す。だからケンムンは人に危害を加えない。ケンムンに罰せられることはない。ケンムンに対するシマッチュの態度には，畏れと親しみが相半ばする。

　ケンムンは人と自然の境界に立ち，人も自然も守る存在である。ケンムンに守られていたからこそ，奄美の山域は世界自然遺産に登録されるほど豊かな植生と生態系を維持できた，ともいえよう。

　また古いグスクなど，住民がシマの聖地とする場所にもケンムンは現れた。人を異界に立ち入らせないケンムンは，転じて侵してはならない場所を守る存在でもあった。

　戦後，シマに電灯が普及し，ケンムンの目撃談が聞かれなくなったという。人が技術の力で暗闇を明るくした結果，ケンムンの活動領域は狭まってしまったのかもしれない。

　それでも，集落の外れにある廃車置き場の車に住みついたケンムンを見た，という話も聞いた。夜，車で林道を走っていると，一本道なのに迷って，元の場所に戻されたという人もいる。人間が無遠慮に自然環境を撹乱することを，ケンムンは快くは思っていないのであろう。

　ケンムンは姿を変えて私たちのすぐそばにいる。1990年代後半から，奄美独自の文化に対する関心が高まり，ケンムンがふたたび人びとに語られるようになった。

　宇検村は，ケンムンを地域振興のツールや観光アトラクションとして積極的に活用している。村内6か所にケンムン像が配置され，訪れた人びとがケンムンを探しながら村内をめぐるきっかけを作っている。いくつかのケンムンはわざと見つけにくいように配置され，ケンムンの行動特性をうまく表している（p. 55）。宇検村のケンムン像は，人とケンムンの関わりを熟知しているからこそ創造された。

　しかし現在，若い世代のケンムンのとらえ方は，アニメ『ポケットモンスター』『妖怪ウォッチ』などと同様である。近年では幼稚園・保育所や小学校の

児童生徒の描いたケンムンを目にする機会が増えた。それらの多くは「かわいいケンムン」「愉快なケンムン」といったイメージであり，畏れや恐怖の要素は見られない。

　水木しげるの『ゲゲゲの鬼太郎』は，原作漫画ではかなりおどろおどろしかった。子どもの頃，水木の漫画を読むと，夜トイレに行くのがとても怖かったことを覚えている。しかしテレビアニメでは陰の要素が捨象され，親しみやすいキャラクターに変容した。アニメの鬼太郎に，水木が描きたかった民話の世界や，戦争の体験は反映されているのだろうか？ それと同様のことがケンムンにも起こっている。

　ケンムンが子どもたちに親しまれ，語り継がれることはうれしい。しかし意味が大きく変わることには戸惑いを禁じ得ない。ケンムンには奄美の人びとの自然に対する畏敬や，豊かなイマジネーションが込められている。商業的なキャラクターと同列にみなしては，奄美の自然もまた，表層的にしか理解できないのではないか。

　多くの人びとに受け入れられるキャラクターは，誰にでも理解可能な普遍的な魅力と価値を有する。しかし普遍性の獲得は，地域の固有性からの遊離とのトレードオフ，引き換えである。奄美という地域から引き離されても，ケンムンはケンムンであり続けられるのだろうか？ 本土のカッパや，沖縄のキジムナーと同一視されるのはイヤだなあ。

　文化のグローバル化は，寿司やラーメンなど，食の世界では顕著である。とはいえ，海外旅行で食べる日本食が，馴染んだものとは似て非なることは，多くの人びとが経験されたことだろう。本来の文脈から切り離された文化要素には，たよりなさがまとわりつく。ケンムンにはそうなってほしくないという気持ちと，島外の人にもっとケンムンを知ってもらいたいという欲求が，私の中ではせめぎ合っている。

　最後に，ケンムン話を屋外でしてはイケナイと，私は奄美市笠利町喜瀬のオバにきつく戒められた。ケンムンが嫌がって悪さをするそうだ。私はこの原稿を家の中で書いているが，どうか皆さん，この文章を屋外で読むことは避けてほしい。ケンムンに誑かされます。

**ケンムン飛び出し注意の私製標識**
（2012 年 6 月撮影，瀬戸内町嘉徳）

**宇検村新小勝のケンムン像**
（2022 年 6 月撮影）

# 小括②　シマ景観の豊かさとシマの危機

　奄美に限らず，集落はそこに住む人びとの工夫と知恵の結晶である。私はいろいろな地域で集落の特徴を観察し，集落の空間利用やその秩序を学んできた。そして，集落の知恵が景観，すなわち景色に端的に表れることに気づいた。いや，地理学の教科書には当たり前に書いてあるのだが，私は鈍くさいので，書かれていることを納得するのに時間がかかっただけである。

　景観に潜むさまざまな意味を読みとることが，ある程度できるようになったのは，奄美のシマと出合ってからである。奄美のシマはそれぞれが個性的であるが，その一方で共通の性格や構造を持ち合わせている。

　景観は一般に土地利用や建築物など，地表面にあるものから構成される。従来の地理学は景観をかように狭く解釈してきたが，奄美ではそんなことは言っていられない。踊りやウタなど人の行為，料理や言葉，信仰だって，景観を構成し，その意味は景観に現れる。人間の行為の結果はすべて地表面に刻印される。逆に言えば，景観を見れば人の考えがわかる。

　シマはつまるところ，人間の生活を保障する空間である。食料と住居を確保するために，さまざまな条件を持つ土地を一つにまとめ上げた空間がシマである。奄美の人びとは山の斜面にも，海岸砂丘にも，扇状地にも，後背湿地にも，サンゴ礁にも，有用性や意味を見いだして利用してきた。

　それだけではなく，地形をよく観察することで，水害や病気から逃れられる，安全な場所を選び取った。奄美の自然は時に人に対して牙をむく。島の大部分をおおう山林には，ハブをはじめとする危険な生物が潜んでいる。人が不用意にシマの外に出ないように，ケンムンが見張っている。

　ただ食べて寝るだけでは人生は余ってしまう。シマは歌い，踊り，楽しむ空間でもあった。豊年祭や種下ろしをはじめとするシマの祭祀・儀礼は，ご先祖さまを迎えて楽しむ時間であり，シマ全体が儀礼の舞台を構成した。儀礼にはシマの起源を伝えるストーリーが織り込まれている。まあ，そんな理屈より，酒を飲んでご馳走を食べて，浮かれ踊ることが重要なのだ。

　シマのメンバーは固定的である。よそ者が入り込む余地は少ない。それは生産基盤としての空間が狭小で，多くの人口を扶養できないからでもある。シマのメンバーにとっては，安定的で自己完結的な空間は暮らしやすい。その一方で，それはシマの閉鎖性を生み出す温床でもある。

　閉鎖性，いや自己完結性は，他とは異なる独自性をそれぞれのシマに与える。シマグチやシマウタは，シマごとに異なる。豊年祭の進行や演目を仔細に観察すると，となりジマであるにもかかわらず，まったく違う。相撲が盛んなシマ，余興で大いに盛り上がるシマ。ちからメシ一つ取り上げても，白米，もち米，小豆入り，塩むすびと，イロイロ。おにぎりに日の丸の旗を立てるシマ，お盆じゃなくて笊に載せるシマ，南島風に頭上運搬するシマもある。まあ，とにかく多様であり，決まった様式などない。小さなちがいを見つけては，ころころと喜ぶワタクシ。共通するのは，シマの人たちが心から祭りを楽しんでいることである。

　そのシマが，今縮んでいる。どのシマでも，かつてはサトウキビや稲，サツマイモを作っていた農地が放棄され，荒れすさんでいる。耕作放棄地にはイノシシやハブが入り込む。空き家の増加も深刻な問題である。「年に2回くらい，子どもが帰ってきて寝泊まりするから，これは空き家じゃないっちよ～」とおっしゃる方もいるのだが，それを空き家というのだよ。空き家は早晩使えなくなり，傷みが進めば台風で隣の家にまで被害を及ぼす。人口が減ったシマでは，数少ない青壮年にさまざまな負担がのしかかる。

　営々と築かれ，生活と安全を保障してきたシマは，いまや機能不全を起こしつつある。シマの現状を直視するためには，景観の観察が欠かせない。耕作放棄地や空き家が増えた実態を，きちんと直視する必要がある。危ない場所を把握しなければならない。高齢者や独居者の社会的孤立を防ぐためにも，普段からの声かけや，共同作業によるコミュニケーションは大切である。それだけではなく，シマのよいところ，素敵な場所も見つけて，みんなで共有したい。シマの観察，大事よ。

　シマは本来高いポテンシャルを有していた。外からのモノの供給や集落外での就業が増加し，シマを顧みる機会が減った今こそ，シマの景観をよく見ていきたい。

# Ⅲ　離島の都市，名瀬

鹿児島―奄美群島―沖縄を結ぶフェリー
（2023 年 8 月撮影）

日本に島はあまたあるが，都市を有する島は少ない。名瀬という都市がある
ことが，奄美大島を大きく特徴づける。奄美大島は「名瀬とそれ以外」に分け
られるといっても過言ではない。都市は周辺の地域と互いに補完し合いなが
ら存在する。奄美を知るためには，シマとともにマチ，名瀬のことを考えな
ければならない。

# Ⅲ-1　名瀬・ナセ・なぜ

　？？？？

　イヤ，誤変換じゃありません。本節のお話は名瀬のなぜについて。名瀬には
なぜか，why（なぜ）がいっぱい。おやじギャグ乱発……，にはならないように。

　いうまでもなく，名瀬は奄美群島最大の都市である。都市の基準の一つに
人口集中地区（DID）がある。2020年の名瀬DIDの人口は12,662人。狭い平野
に建物も人もぎゅっと集まっている。架橋されていない島でDIDがあるのは，
奄美大島以外に，長崎県の福江島，沖縄県の宮古島と石垣島だけである。さら
に1995年までは徳之島の亀津，2010年までは古仁屋もDIDであった。DIDが
二つあった島は，奄美大島だけである。

　2020年の奄美群島の人口は104,281人，加計呂麻島・請島・与路島を含む奄
美大島の人口は58,738人。名瀬DIDの人口が占める割合は前者で12.1％，後
者では21.6％に及ぶ。奄美大島の5人に1人は「マチの人」である。

　DIDではなくとも，奄美群島には古仁屋・亀津・和泊など，都市的な機能を
有する集落がある。自然豊かなのんびりした島，というイメージとは裏腹に，
奄美群島は意外にも都市的である。となれば，奄美群島を都市の側面から考え
る必要がある。

　奄美群島の暮らしの，基本的な単位はシマである。奄美の人びとはシマに集
まって暮らしていた。しかし，名瀬というシマはない。

　名瀬は，琉球時代の行政区画である，間切の一つであった。その後，薩摩藩
の代官仮屋が1801（享和元）年に奄美市名瀬矢之脇町に移転して以来，代官仮屋
の所在地を指して名瀬と呼んだ。名瀬という地名はいわばお役所用語である。

　1908（明治41）年に名瀬村が設置されたが，これも特定のシマではなく，奄美
市になる前の，旧名瀬市の範囲を示す広域地名であった。1922（大正11）年に

---

　＊　DID（Densely Inhabited Districts）は，国勢調査に基づき，人口密度4,000人／km² 以上の
　　　基本単位区が隣接し，それらの総人口が5,000人を超える地域と定義され，都市的地域を
　　　意味する。

名瀬村から金久・伊津部が名瀬町として分離した。行政地名としての名瀬には，旧名瀬市を範囲とするものと，旧名瀬町の範囲の二つがあった。

　それでは，名瀬という地名はどういう意味か。『名瀬市誌(上)』には地名の起源をめぐって，魚瀬(なせ)説と空地(なーじ)説があったことが記されている。これらの説が想定する地域は，前述の旧名瀬町，狭い方である。しかし名瀬がより広い地域，すなわち旧名瀬市の範囲を指すという前提に立てば，両説の根拠は失われる。地名の起源論争は，決定打がないままうやむやになってしまった。一つめの名瀬の「なぜ」には答えがない。

　名瀬をめぐっては，二つめの「なぜ」がある。島の人の言葉に聞き耳を立てると，＜ナゼ＞と言う人と，＜ナセ＞と発音する人がいることに気がつく。この発音問題は結構根深いようで，今でも議論になることがある。おおむね年配の方には＜ナセ＞派が多く，若者は＜ナゼ＞が当たり前と思っているらしい。

　『名瀬市誌(上)』は，琉球時代の文書では濁音を用いなかったと指摘する。だから，＜ナセ＞と書いてあっても＜ナゼ＞と読むのかもしれないよ，と言いたかったらしい。この論争は名瀬市議会でも取り上げられ，喧々囂々の議論の末，読みを＜ナゼ＞に決定した。その後，行政やメディアが＜ナゼ＞を採用したもので，過去を知らない若い人には＜ナゼ＞が定着したのだそうな。

　もっとも，1950年12月1日に琉球軍政本部が実施した国勢調査では，名瀬市を"Nase Shi"と表記している。復帰前は＜ナセ＞が主流だったのだろうか？ 社会言語学者を連れてきて検証してみたいネタである。

　名瀬をめぐる「なぜ」はまだある。名瀬がお役所用語なのならば，私たちが普段「名瀬」と呼んでいる場所は，ホントは何という場所だったんだろう？

　名瀬市街地の屋仁川通り近辺には名瀬金久町，新川下流域には名瀬伊津部町がある(p.63)。金久と伊津部は，もともとはそれぞれ別のシマの名称であった。

　金久は現在の名瀬市街地の西半分を占めるシマであった。シマはカネクとサトに分けられる(Ⅱ-2)。集落の発祥地はサトであり，カネクは後から形成され

**　名瀬市誌編纂委員会編 1983.『名瀬市誌(上)』名瀬市役所.
***　奄美・沖縄では，1950年の国勢調査は軍政府布令第25号に基づき実施された。調査項目はおおむね日本の国勢調査に準拠したが，国籍の区分が違っていたり，文盲率に相当する項目や，女性のみに子どもの数・初婚年齢といった項目が設けられていたり，今では考えられないような内容を含む統計である。

た。カネクは海岸砂丘を意味する。現在裁判所がある名瀬矢之脇町はまさに海岸砂丘であり，カネクというにふさわしい。サトは名瀬市街地西部を流れる屋仁川の上流部，現在の名瀬柳町付近であったと考えられる。薩摩藩の代官仮屋が裁判所付近に立地し，黒糖の積み出し港機能が整備されたことで，カネクは大きく発展し，サトを含めたシマ全体を金久と呼ぶようになった。

　伊津部は金久と比べるとあまり条件がよくなかった。『名瀬市誌(上)』は，伊津部が「石部」からの転訛で，石河原というほどの意味，という説を紹介している。この説自体はこじつけっぽいが，現在の新川流域に固定的な流路はなく，名瀬平田町から下流の谷全体が河原のような状態だったことは，地形を観察すればわかる。

　沖積平野は水田の適地ではあるが，奄美のシマの原則から考えれば，水害の危険にさらされた，こんな危ないところには人は住まない。伊津部の起源地，すなわちサトは，新川支流の小規模な扇状地上にあったと推定できる。

　ところで鹿児島県大島支庁の脇を流れる永田川は，現在新川に河口近くで合流している。しかし，明治期までの永田川は，今より西側を流れ，鹿児島銀行大島支店付近で屋仁川と合していた。古い永田川の流路は，金久と伊津部の境界でもあった。

　二つのシマ，つまり字(あざ)の境界(間)を流れる川(ゴー)という意味で，旧永田川はアザマゴと呼ばれた。アザマゴの流路は，市街地を南北に縦貫する，現在の中央通り商店街に相当する。中央通り商店街に今も残る「アザマゴ帽子店」****。壁面には店名が大きく書かれ，昭和の風格をたたえている(p. 63)。この建物こそ，中央通り商店街が二つのシマの境目，アザマゴであったことを今に伝える，世界遺産ならぬ「奄美遺産」である。

　名瀬はもとは二つのシマだったというのが，ここでの結論。つまり，名瀬は群島の他のシマと，何ら変わることのない場所だった。それが名瀬，じゃなくてなぜ，全国的にみても大規模な離島都市に発展したのだろうか？　名瀬のなぜに，もうしばらくおつきあいいただきたい。

----

**** アザマゴ帽子店の壁面看板は，まことに残念なことに，2023年7月に建物もろとも撤去された。建築物は更新されるものだが，その意味や記憶をなんらかとどめる方法はないものであろうか？　本書がその記念碑のようになってしまうのは少し悲しい。

『大島古図』に描かれた金久村と伊津部村（1852（嘉永 5）年）
（奄美市立奄美博物館所蔵，加筆）

名瀬中央通り商店街の「奄美遺産」，旧アザマゴ帽子店
（2022 年 11 月撮影）

# Ⅲ-2　名瀬の景観レイヤー[*]

　前節から続いて名瀬のなぜを論じようと思うのだが，本節のお話を理解するためには「予習」が必要である。

　私の先生の先生のそのまた先生に，田中啓爾（1885〜1975）という大先生がいた。この先生の学説に「地位層」というのがある。ざっくり言うと，地域には時間の経過とともにさまざまな歴史やできごとが積み重なって，地層のようになっている，というものである。それぞれの層は，各時代の地域の特徴を反映し，現在の地域の性格を形作っている。

　地位層は地層の研究から着想された。地質学や地形学では，地層を観察して大地のでき方を解明する。それと同じで，人間の行為の結果作られた文化・経済・政治，そしてそれらの集積体としての歴史も，層をなして積もっている。その層を観察すれば，地域のでき方がわかるという考え方である。

　しかし地位層は目には見えない。頭の中で組み立てなければならない。学生時代に地位層のことを勉強して，「よくわかんねえなあ」と思っていたのだが，地位層を観察する便利な方法があることに気づいた。それは景色，景観に着目することである。奈良や京都に行けば，飛鳥時代や平安時代の景観が，江戸時代，明治・大正時代，そして現代の景観といっしょに，われわれの目に飛び込んでくる。つまり景観のなかには，歴史が層になって積もっている。

　私はこれを勝手に「景観レイヤー」と呼んでいる。レイヤーとは，透明な板が何枚も重なって層になった状態，と思っていただきたい。ちょっと古いが，アニメのセル画を考えてもよい。それぞれのセルには違う絵が描かれる。それらを重ねて透かしてみたら１枚の絵になる，というイメージである。私たちが目にする景観は，複数のレイヤーが重なってできている，と考えるのである。

　東京を例にとれば，東京タワー・東海道新幹線・国立代々木競技場は，日本

＊　本節は須山（2023）に基づく。須山　聡 2023. 奄美大島，名瀬の都市景観の特徴——景観レイヤーを用いた総合——. 駒澤地理 59：1-25, http://repo.komazawa-u.ac.jp/opac/repository/all/MD40141697/rcr059-01-suyama.pdf.（最終閲覧日：2023 年 11 月 12 日）

の高度経済成長という力によって形成された景観構成要素である。これらから「高度経済成長」というレイヤーが導き出される。

　私が観察したところ，名瀬の景観レイヤーは，①シマのレイヤー，②政治のレイヤー，③産業のレイヤー，④消費のレイヤー，⑤萎縮のレイヤーからなる。これらはおおむね時間の順に並んでいるが，時間が基準ではない。これらのレイヤーは，景観を形づくる力，地形学の言葉を借りれば営力によって区分される。名瀬の景観レイヤーを簡単にスケッチしてみよう。

　**①シマのレイヤー**　シマのレイヤーは，立神やおがみ山などに見ることができる。これらは金久と伊津部というシマの，祭祀の空間を構成する。とはいえ，薩摩の支配拠点であった名瀬では，ノロ祭祀に対する弾圧が強かったためか，シマのレイヤーに属する景観構成要素がほとんど残っていない。名瀬伊津部町や名瀬柳町には，祭祀で使用する水を汲んだイジュン（水源）の痕跡がある。写真の「いじゅんごパーキング」は名瀬石橋町にかつてあったイジュンにちなんで命名されたという（p. 68）。このような痕跡を探すことも，街を歩く楽しみである。

　**②政治のレイヤー**　名瀬の都市化の最初の原動力は，政治都市としての性格であった。藩政期には薩摩藩の代官仮屋，明治期には鹿児島県大島支庁が名瀬に設置された。名瀬は政治が作った都市，ともいえる。名瀬矢之脇町の裁判所や倉庫群，おがみ山の麓に位置する大島支庁・奄美市役所などの公共施設は，いずれも政治都市，名瀬を物語る景観である。

　1946～53年の米軍統治時代，アメリカ軍政府庁舎は名瀬小俣町に置かれた。1944～45年の空襲で90％が焼失した名瀬市街地ではなく，1937（昭和12）年に区画整理された，当時の「新市街」にアメリカ軍は目をつけた。新川にかかる上緑橋は「軍政府橋」とも呼ばれた[**]（p. 68）。政治のレイヤーは，薩摩藩・明治政府・アメリカ軍政府の三つのサブレイヤーに細分できる。

　**③産業のレイヤー**　産業のレイヤーが分厚く堆積したのは，明治から昭和戦前期，および復帰後1970年代までの期間である。戦前，本土からやって来た

---

[**]　当時の名瀬には水道設備がなかったため，アメリカ軍は軍政府庁舎周辺に飲料水を供給する上水道を独自に整備した。この水道は軍政府水道と呼ばれ，1990年代にいたるまで住民に使用された。（南海日日新聞1991年12月25日）

商業者，つまり寄留商人が，現在の本町通り・中央通りに出店した。寄留商人は日本の旧植民地に一般的に見られ，支配地域の資源を日本本土に集める役割，支配される側から見れば収奪の役割を果たした。薩摩時代において貨幣経済が浸透しなかった奄美では，明治になってからやって来た本土の寄留商人が，やすやすと経済の実権を握った。

　本土資本が主導して形成された名瀬の経済は，本土に従属する植民地的性格を有していた。現在ではすっかり現地化したが，寄留商人の系譜に連なる企業が，今でも名瀬の経済を担っている。

　復帰後の名瀬の経済復興の一端は，大島紬業の発展によってなし遂げられた。1960〜70年代，名瀬の人口は急激に増加し，発展期を迎えた。新川流域に集積した紬業者は，有能な織り子を確保するため，鉄筋コンクリート4〜5階建ての織り子用社宅である「紬アパート」を建設した(p.68)。織り子は家族をともなって紬アパートで暮らした。築年数を経た紬アパートは現在も使用され，産業遺産といってもよい風格を備えている。

　**④消費のレイヤー**　人口の集中は消費の拡大をもたらした。永田川の両岸にはバラック建ての仮設店舗が櫛比し，大変な賑わいであった(p.69)。市街地西部の名瀬入舟町にはダルマ市場があった。末広・永田橋市場は当時の面影を残している(p.69)。

　屋仁川通りの繁華街は，1911(明治44)年につくられた屋仁川遊郭が起源である。屋仁川通りは大島支庁の役人や寄留商人が接待を繰り返す，高級な社交街であった。紬の好景気とともに繁華街は拡大したが，スナックがひしめいていたビルが取り壊され，かつての高級料亭も廃業した。

　盛り場は最も都市らしい機能の一つである。使う必要のないお金を浪費する「むだづかい」は，道徳的には褒められないが，盛り場の賑わいは都市に活気を与える。屋仁川で飲んでも，どうか大目に見ていただきたい。

　むだづかいといえば，観光は新たなむだづかいである。観光客はむだづかいする気満々で奄美に来るが，それを受け止めるだけの機能が，名瀬には備わっていない。都市内部に新たな「むだづかい空間」，いわば観光のレイヤーを作る必要がある。

　**⑤萎縮のレイヤー**　1980年代後半以降，名瀬の人口は停滞から減少に転じ

た。地方都市の衰退は全国的な現象である。都市の萎縮は，土地利用の粗放化・空隙化として現れた。すなわち，空き家・空店舗・駐車場の急増である。2014年の土地利用調査では，名瀬市街地中心部の30％が空隙的土地利用であった。空地が増えてスカスカになった市街地の景観は，名瀬から経済的な活性が失われていることを示す(p.69)。

　一方で，市街地の東側に位置する名瀬有屋町や名瀬浦上町をはじめ，名瀬市街地の郊外には，1980年代以降郊外型スーパーマーケットなどの大型店が立地した。これらは新たな消費のレイヤーであり，市街地中心部の萎縮を補完しているともいえる。

　景観レイヤーはそれぞれが独立しているわけではなく，関係性を有している。奄美の復帰運動に関わる景観に，それは端的に表れる。奄美市立名瀬小学校は，本来これら5レイヤーのいずれにも属さないが，復帰運動当時，郡民大会などの集会が27回も催されたことで，強く政治化された。復帰運動のモニュメントである校庭の石段は，政治のレイヤーに加えられた。また，本来はシマのレイヤーであるおがみ山は，日本復帰記念碑が建てられることで，復帰運動を象徴する場所とされ，政治のレイヤーに読み替えられた。

　景観レイヤーは固定的なものではなく，他のレイヤーに読み替えられたり，上書きされたりする。レイヤー間には相互関係がある。景観レイヤーはこの点において，時間の経過を形成原理とした田中の地位層とは異なる概念である。

　景観レイヤーには「正解」はない。物理的な景観は一つであっても，景観の見え方は，人それぞれの経験や関心の持ち方によって大きく異なる。名瀬を華やかな街と見る人も，活気を失って寂れた地方都市とガッカリする人もいる。見る人の数だけ，異なる景観があると言ってもよい。したがって，景観レイヤーもまた人によってそれぞれ異なる。このような，景観の主観的性格を重視することで，「私にとっての名瀬」がより鮮明に描き出せる。

　景観レイヤーからは，地域の歴史や文化が，目に見えるものとして把握できる。景観は地域のありさまを雄弁に語る。ただ見るだけではなく，それが地域の何を意味するかを読み解くことが，景観を見る楽しみである。

---

*** 須山　聡 2014 前掲 p. 36.

いじゅんごパーキング
（2022 年 6 月撮影）

上緑橋（軍政府橋）
（2022 年 7 月撮影）

紬アパート
（2022 年 5 月撮影）

**永田橋市場**
（1960 年ごろ，越間　誠氏提供）

**末広・永田橋市場**
（2022 年 6 月撮影）

**名瀬入舟町の駐車場**
（2022 年 11 月撮影）

# Ⅲ-3　コンパクトシティ名瀬　その１

　名瀬は島の小さな都市である。鹿児島や東京と比べると，アレがないコレが
ないとフラストレーションがたまる。アレがないコレがないは，都市経済学的
には「集積(accumulation)」という言葉で説明できる。大きな都市にはさまざま
なモノがたくさん集まる。量的にも質的にも豊かである。いろんなモノがたく
さんあると，それらを使って新しいものが生まれ，さらに都市は成長する。こ
れを集積効果という。地方に住んでいる人びとには，集積効果による都市の成
長がまぶしい。

　これが都市の「成長神話」である。ドンドン大きくなる都市を見て，世界中
のみんなが成長はスバラシイと思っていた。名瀬もまた著しい発展をとげた。
屋仁川通りで「ビールで足を洗った」り*，景気のいい時代を記憶していらっ
しゃる方も多いだろう。

　しかし，先進国の都市では，成長に限界が見られはじめた。1960〜70年代
の公害問題をはじめ，交通渋滞や地価高騰などの都市問題は，すべて集積がも
たらした弊害である。

　大きくなりすぎた都市では，移動に時間がかかる。満員電車の中で長時間の
ガマンを強いられる。東京大都市圏に暮らす人びとは，平均で1日約100分を
通勤にあてている。起きている時間の1割以上を，移動に費やしている。その
時間は何も生まない。都市はわれわれのガマンの上に成り立っている。お店や
オフィスの賃料が高いこともデメリットである。テナント料が高くて，都心か
ら脱出する企業が増えている。

　それらの結果「集積の不利益」が発生し，巨大なだけで非効率な空間ができ
てしまう。今の東京は非効率そのものである。非効率によって失われる利益は
何兆円にもなるだろう。そのような都市は，居住にとっても，経済活動にとっ
ても，よい環境ではない。

---

＊　「ビールで足を洗う」は好景気に浮かれた様子を形容する表現で，奄美群島では大体通用
　する。

　都市の非効率性は，エネルギーや資源の消費からも危惧される。石油や鉄を使いまくることで，現代の都市は成立している。また，都市は二酸化炭素の大排出源でもある。さらにヨーロッパや日本では，高齢化と人口減少が都市の非効率化に追い討ちをかけている。大都市には明るい未来が描けなくなりつつある。

　そこで生まれた考えが「持続可能性(sustainability)」である。持続可能性は，環境に対するダメージを最小化し，今のままの生活・生産水準を保とうとする考え方である。この考えは環境問題を論ずる時によく用いられるが，都市にも当てはまる。

　それではどんな都市が，環境に優しく効率的で住みよいのだろうか？　その答えの一つは，都市を小さくすることである。それが「コンパクトシティ(compact city)」。コンパクトとは，小さくまとまった，くらいの意味である。短時間で移動でき，必要なモノや場所へのアクセスが容易で，資源を浪費しない都市，ということになる。

　コンパクトシティの成立条件は，①空間的なサイズが小さいこと，②環境負荷の少ない移動手段を使うこと，③一定水準の集積があることの三つである。これらのうち，①が最も重要である。サイズが小さいと職住が近接し，移動時間を大幅に節約できる。②移動手段として，自転車や公共交通を利用することで，二酸化炭素の排出と交通混雑が抑えられる。③の集積量は，都市の人口・経済規模によって変わるが，地域の行政や経済を統括する中枢管理機能，すなわち市役所や銀行，企業の本社・本店などが必要である。ただし，名瀬が統括する周辺地域，すなわち奄美群島の人口は約10万人で，さほど大きくはないから，東京やニューヨークのような巨大集積は必要ない。ほどほどでよいのである。

　日本のコンパクトシティの事例として，私の出身地，富山がよく取り上げられる。富山DIDの人口は約21万人，面積は53 km$^2$で喜界島よりひとまわり小さい。市内には路面電車が走り(p. 73)，市民の足となっている。県庁所在地であり，行政や企業の本・支店，デパートなどの商業施設が都心部に凝縮して

＊＊　森　雅志 2013. 富山市におけるコンパクトなまちづくりの推進と効果. 計画行政 36(4): 1-8. DOI: 10.14985/jappm.36.4_3.

いる。また富山に限らず，北陸地方の都市は生活環境がよいことでも知られ，
教育や医療のインフラが整っている。でも，雪はイヤだ。

　富山コンパクトシティは，都市内公共交通によって，市内の拠点を効率的に
結ぶことがメインの構想である。世界的な豪雪地域に位置する富山では，冬季
の交通渋滞が大きな問題である。冬ではなくとも，車がなければ買い物にも行
けない不便な街である。不便な市街地中心部からは活気が失われた。そこで，
路面電車やバスを活用し，街中を自由に動ける空間に作りかえようとしている。

　ヘンなところでお国自慢をしてしまったが，富山でも市街地中心部の衰退は
進行しており，昔は賑わった商店街がシャッターストリートになっていたり，
ビルが取り壊されて，市街地中心部からでも雄大な立山連峰がよく見えるよう
になった(p. 73)。皮肉なことではあるが……。

　内部は駐車場と空地だらけで，スカスカ，ガラガラである。③の条件は，ひ
いき目に見てもちょっとつらい。現在の富山がコンパクトシティとして優れて
いるのではなく，コンパクトシティとして街の再生を目指している途上である
と理解したい。

　コンパクトシティを作るとしたら，人口10〜30万人の地方都市が適してい
る。コンパクトシティのお手本とされる，ドイツ，バーデンビュルテンベルク
州のフライブルクは，人口22万人である。富山がそうであるように，そんな
に広くなく，適当な集積がある。

　より小規模であるが，離島の都市もコンパクトシティの条件を備えている。
離島は本土から切り離されているため，その中心地には鹿児島県大島支庁をは
じめ，ひととおりの中枢管理機能が集積している。したがって，人口規模だけ
で本土の都市と単純に比較してはいけない。本土の人口4万人の市に，県の支
庁や新聞社，放送局はあまりない。小なりとはいえ，離島の都市は高い中心性
を有する。小さい割には大きな力を持つのが，離島の都市である。都市の内部
構造を手直しすることで，住みよく，使いやすい街を作ることができる。

　いかがだろう。コンパクトシティ，ちょっとよさそうじゃないかと思ってい
ただけただろうか。私は名瀬をはじめとする奄美群島各島の中心地は，いずれ
もコンパクトシティになりうると考えている。次節では，名瀬をコンパクト化
するための戦略と問題点について考えてみたい。

富山コンパクトシティの象徴，路面電車
（2022 年 8 月撮影）

富山市街地の景観，立山連峰が見える
（2023 年 8 月撮影）

# Ⅲ-4　コンパクトシティ名瀬　その２

　前節では縮小する都市の再生方法として，コンパクトシティを紹介した。人口が減っているのに，もとの大きさのままでは，中がスカスカになってしまう。だからギュッと都市を引きしめるのが，コンパクトシティの考え方である。

　戦後の高度経済成長を知っている人たちは，ドンドン大きくなる，発展する都市の姿を目の当たりにしてきた。成長や発展はいいことだと，心のどこかで思っている。成長が止まったわが街を見ると，うら寂しい気持ちになってしまう。イヤイヤ，そんなことはない。発想を転換しよう。

　私は地理学者のくせに，東京で地図とにらめっこしても目的地にたどり着けず，途方に暮れたことがある。しかし，島の街を歩く時，私たちは地図を見ない。私たちの頭の中には，メンタルマップ（mental map）という地図があるからである。小さな街ならば，正確なメンタルマップが作れる。それに基づけば，どこに何があるか，どうやって行くかが，手に取るようにわかる。街は小さい方が使いやすい。

　さて，名瀬の街を改めてみてみよう。前節で示したとおりコンパクトシティの条件は，①都市のサイズが小さいこと，②環境負荷の少ない移動手段があること，③一定水準の集積があることの三つである。名瀬がこれらの条件に当てはまるか考えてみよう。

　名瀬DID（人口集中地区）の人口は約1.2万人，東西2km，南北3.8kmである（p. 77）。これくらいの広さなら，徒歩か自転車で十分に移動できる。市役所をはじめとする行政機関・商店街・スーパーマーケット・病院・学校が市街地にまとまっている。私は市街地の名瀬伊津部町に住んでいるが，名瀬はホントに便利な街である。徒歩10分以内でスーパーにも市役所にも，屋仁川通りの飲み屋にも行ける。①の都市のサイズという条件は楽々クリアである。都市が小さいことは，コンパクトシティの最重要条件であるから，名瀬はコンパクトシティ有望都市である。ただし，コンパクトシティは円形に近いほうがよい。名瀬の場合，南北方向の移動が不便である。

　一方，②の移動手段は問題である。名瀬には上方・下方・古見方からの交通流が集中する*。朝夕のラッシュは，本土の都市と変わりない。同じことは，古仁屋にもいえる。海に面した狭い平野に立地する都市は，人口規模にかかわらず，どこでも交通渋滞に頭を悩ませている。

　地形的な特性とは別に，住民の行動に起因する問題もある。国勢調査で通勤手段をみると，徒歩・自転車・バイク利用は，奄美市で全体の34％にとどまる。バス利用はわずか3％である。これに対し自家用車が約6割に達する。自家用車利用の割合は沖縄県那覇市よりも14ポイントも高い。

　沖縄では，過度な自動車依存が肥満の原因の一つであるとされ，2014年に琉球放送が「たまには歩けウチナーンチュ」という笑えるCMを作った**。そのウチナーンチュより，アマミンチュは歩かない。

　しかし歩かないのは，歩きたいと思わせる環境がないからである。徒歩移動を誘発するためには，歩きやすい，歩いて楽しい街路整備が必要である。名瀬の街路は概して狭く，歩道と車道の分離が進んでいない。確かにあまり歩きたくない。夏の日射しをさえぎるために，街路樹で日陰を作ったり，ちょっと腰を下ろせるベンチを配置するなどの工夫があるとよい。

　③の集積にはみんな不満を持っている。ほしいモノがなかったり，あれこれ選ぶ楽しさが，名瀬では十分に享受できない。名瀬，ひいては奄美大島の人口や経済規模に見合う集積が，名瀬の街からは失われた。薄利多売で威勢よく客を呼び込むタイプの小売業は，もはや名瀬では成立しない。かつて賑わった商店街が，シャッターストリート化してしまった。

　「Amazonやメルカリがあるから，別にいい」という人がいる。確かにネットは便利だが，台風で船が止まったらモノは来ない。ブツがなければ，ネットは無力だ。都市的集積にはモノをため込んでおくストック機能もある。孤立リスクのある離島にとっては不可欠な機能である。

　名瀬から集積が失われたのは，名瀬が「稼げない都市」になったからである。これについては節を改めたいが，新しい産業が芽生えても，効率的で快適な都

---

　*　名瀬を中心に東側を上方，西側を下方，南側を古見方と呼ぶ。
　**　RBCチャンネル「歩くーぽん「フォアボール編」」https://www.youtube.com/watch?v=M7Ma9KIGf0o（最終閲覧日：2023年11月12日）

市じゃないと，都市構造自体が経済・企業活動の足かせとなりかねない。

　コンパクトシティの究極的な目標は，縮小する人口・経済規模に合わせて，都市を小さくすることである。現状を受け入れて街を作りかえるのだ。今の名瀬は，痩せてしまったのに，ガタイのよかった頃の服を着ているのと同じである。ブカブカの着古しよりも，スリムな服に着替えた方が絶対にかっこいい。

　奄美市は2018年に「地方再生コンパクトシティ」に選定された。市街地中心部の末広・港土地区画整理事業は完成が目前である。名瀬港のマリンタウン整備事業も進捗している。都市全体に散在する商業・ビジネス機能を，市街地中心部に集積させ，周辺を良質な住宅地域として再整備する。さらに，市街地周辺の傾斜地に立地する老朽化した住宅から，市街地中心部の集合住宅，たとえば大島紬の機屋が建設した紬アパートへの移転を誘導する。その結果，職住が近接した利便性の高い都市を作ることができる。

　移動は徒歩か自転車が理想である。そのためには歩きやすい街路整備が欠かせない。シェアサイクルも有効である。お年寄りが多いから，公共交通の活用も必要である。例えば10分に1本バスが来れば，市街地を移動する利便性が確保できる。もちろん，バスのサイズは小さくし，市内均一料金を導入する。自家用車利用が激減し，交通渋滞の解消につながる。

　タクシー補助も有力な方策である。公共交通の利便性が悪ければ，タクシーを使っちゃおうという考えである。高齢者を対象にタクシー利用券を配っている自治体は数多い。広島県の神石高原町なんて，1回当たり900円払えば，月20回までタクシー乗り放題である。奄美の市町村も真剣に考えんば。

　コンパクトシティは防災の面からも有利である。名瀬には鉄筋コンクリートの中層建築物が多い。これらを活用すれば，津波や洪水の時の垂直避難が可能である。避難場所を適切に配置すれば，避難に時間がかからない。

　名瀬に限らず，群島の中心地はいずれもコンパクトシティとなる潜在力を持つ。何にもない，なんて言わないで，何でもできる街を作っていきたい。

───────────
*** 国土交通省「地方再生のモデル都市」https://www.mlit.go.jp/toshi/city/sigaiti/toshi_urbanmainte_tk_000056.html（最終閲覧日：2023年11月12日）
**** 神石高原町「神石高原町の地域公共交通について」http://www.jinsekigun.jp/town/formation/soumu/soumu/tiikikoutu/（最終閲覧日：2023年11月12日）

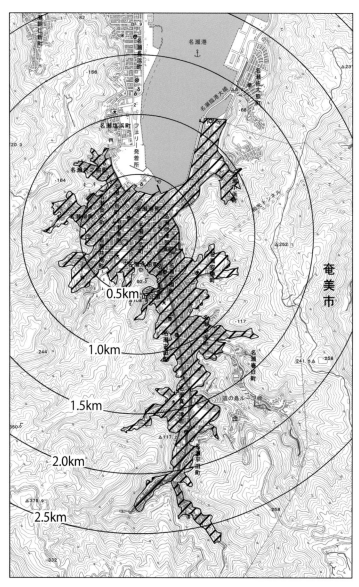

図12 名瀬DIDの範囲(2020年)

# Ⅲ-5　大島紬と住宅

　名瀬の街には鉄筋4〜6階建ての中層建築物が多い。いずれも築年数は50年を超え，風格すら感じさせる。もちろん，市や県が建てた公営住宅もあるのだが，多くは民間住宅である。それらの中に，大島紬業者が建設した「紬アパート」がある。

　大島紬を生産する機屋（はた）は，製織工程を織り子に委託していた。機屋と織り子は雇用関係ではなく，機屋が織り子に生産を業務委託し，委託加工料，すなわち織り賃を支払っていた。織り子の多くは既婚の女性で，有能な織り子の収入は，夫のそれよりも多かったという。

　織り子の多くは群島内のシマに居住し，農業や漁業の副業として紬を織っていた。シマには紬工場があった。紬工場には，特定の機屋の分工場と，シマの有力者が建てた共同作業場の両方があった。織り子は紬工場で織っても，自宅で家事や育児の合間に織ってもよかった。ほかの仕事との兼ね合いをみながら，柔軟に働け，かなりの現金収入を得ることができる紬は，女性にとってメリットの多い仕事であった。

　紬工場では，年齢の近い女性たちが集まって，おしゃべりしながら機を織った。親子ラジオから流れてくる曲に合わせて新民謡を歌ったり*，小金のある女性がいると聞きつけてやって来た，本土のセールスマンをからかったりして，活気があって楽しかったという話をオバたちから聞いた。

　好景気の絶頂にあった紬の親方たちの，唯一といってよい悩みは，織り子不足であった。機屋にとっては優秀な織り子を確保することが，経営の拡大につながった。機屋は名瀬市街地に紬アパートを建設し(p. 81)，シマから名瀬に織り子を呼び寄せた。家賃は無料であった。

　織り子は夫と子どもをともなって，名瀬の紬アパートに引っ越した。紬ア

---

＊　親子ラジオは沖縄のアメリカ軍政府が考案したラジオの共聴システムである。金山智子 2008. 離島のコミュニティ形成とコミュニケーションの発達――奄美大島編――. Journal of Global Media Studies 3：1-20, http://repo.komazawa-u.ac.jp/opac/repository/all/30005/rgm003-01.pdf.（最終閲覧日：2023年11月12日）

パートの建設は，シマからの人口流出，名瀬への人口集中の一因ともなった。

　紬アパートには１階が工場，２階以上が住戸という，下駄履きスタイルが多かった。住戸は２DKまたは２LDKだが，２畳くらいの機織り部屋があるものもあった。シマにいた時と同様，織り子は自宅でも工場でも，好きなところで織ってよかった。

　機屋の親方からの聞き取りによると，名瀬でテレビが普及した1970年ごろ以降，工場で織る織り子はめっきり減ったという。昼のドラマと３時のワイドショーが見たかったからだそうだ。

　紬アパートの建設は，機屋にとってかなり大きな投資であった。建設には当時の住宅金融公庫や雇用促進事業団の低利融資が利用された。鹿児島県大島支庁や名瀬市役所が立地する名瀬は，公的資金に関する情報が得やすかったと考えられる。これも紬アパートが次つぎと建設された理由である。

　織り子の囲い込みのためには，家賃をタダにするだけではなく，子どもの高校の授業料を負担したり，本土のデパートで催される展示会で実演してもらうと称して，本土に連れて行き，観光させることもあったという。機屋さんの気遣い，ひとかたならず。

　鉄筋のアパートでの暮らしは，本土大都市圏のそれと同じである。夢のような都市生活が，自分の技能と稼ぎで実現した。電気・ガス・水道がふんだんに使える。いつでもお風呂に入れる。永田橋・末広市場，ダルマ市場，まるはセンターで買い物ができる。紬に専念するため，家事に割く時間を節約する必要から，名瀬にはお惣菜・おかず屋さんがたくさん立地した。未婚の織り子は，お洒落してダンスホールや映画館に繰り出した。

　織り子は一家の主婦であり，母親でもあった。「紬を織れたから，子どもを内地の大学にやれた。」かつての織り子，現在は80歳を超えるオバたちの表情は誇らしげだった。彼女らにとって紬と暮らしは，空間的にも経済的にも一直線につながっていた。

　紬アパートに住む織り子の次なる夢は，マイホームを持つことだった。夫の

**　まるはセンターの本店は鹿屋市で，奄美で初の島外資本のスーパーマーケットであった。名瀬店は永田橋・末広市場に隣接し，1962〜98年まで営業した。

***　湯澤規子 2009.『在来産業と家族の地域史──ライフヒストリーからみた小規模家族経営と結城紬生産──』古今書院.

尻を叩いて働かせて，自分はもっと頑張って稼いで，一戸建ての家を買った。名瀬および近隣の朝仁・小宿・鳩浜・有屋・大熊では，1950年代から海面の埋め立てが進み，新しい住宅地が整備された。織り子女性たちの夢は，名瀬の都市的発展とともに実現した。

　紬アパートは，名瀬の住宅不足を緩和する役割を果たした。しかし大島紬が産業としては衰退し，紬アパートは更新されないまま，普通の賃貸アパートになった。紬業者を含めて奄美の企業家は，利益を本業に再投資するよりも，不動産を購入して資産化する傾向が強い。過去の不動産投資を経営基盤に，今では実質的に不動産経営を本業とする機屋も多い。そのようにみれば，1960〜70年代に第一線で活躍した，機屋の親方たちの慧眼に狂いはなく，子や孫の生活を安定させる礎を，紬アパートで築いたといえよう。

　2022年現在，名瀬市街地には44棟，528室分の紬アパートが確認された（p. 81）。かつてはもっとたくさんの紬アパートがあっただろう。名瀬DIDの世帯数が約6,700であることを考えると，紬アパートは現在も住宅供給機能を担っていると考えられる。しかしエレベーターもなく，段差が多い構造は，高齢化が進展した現在の生活には適合しない。一方で，名瀬市街地では住宅が不足し，とくに本土からのU・Iターン者に提供可能な住宅が足りない。

　高度経済成長期に開発された本土大都市圏郊外のニュータウンでは，老朽化した集合住宅のリノベーション（住宅改修）が進んでいる。リノベーションによって建物の外観や間取り，内装が一新され，古い建物が新たな価値を生み出す。若い世代の入居も進んでいる。

　紬アパートをリノベーションして，移住者やUターン者に提供することはできないだろうか？　もちろん，現在の所有者が独力でというのは難しいだろう。リノベーションに対する公的な補助が必要である。奄美市が取り組んでいる移住政策に，紬アパートを位置づけることで，移住政策を推進することもできる。

　紬アパートは，大島紬の発展を支えた，奄美の近代化遺産でもある。紬アパートには歴史的・文化的な価値がある。私は，大島紬の歴史や過去のすがたを学べる，専用の展示・研究施設が必要であると考えている。紬アパートをリノベーションして，大島紬の博物館はできないものだろうか。

　大島紬の歴史は，奄美の戦後のあゆみそのものである。

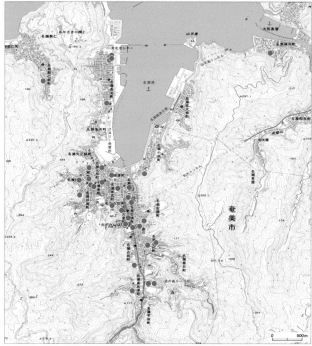

**図13　紬アパートの例（上）とその分布（下）（2022年）**
（現地調査により作成）

# 小括③　離島都市の独自性

　人間の居住空間は，都市と村落に大別できよう。奄美の村落はシマであるが，奄美における都巾の代表は名瀬であり，古仁屋・亀津・和泊・茶花・湾など，町村役場が所在する集落も都市的な性格を有する。

　都市と村落には根本的な違いがある。村落が自給的で自己完結的であるのに対し，都市は周辺地域や他都市との交流・交換を基盤としている。村落はそれ単独で食っていけるのだが，都市は他の地域からモノを供給してもらったり，お金とモノを交換しないと生きていけない。また，都市には周辺の地域を管理・統括する機能，中枢管理機能がある。

　難しい言い方をしてしまったが，マチに行けばお店がたくさんあって，よそから買い物客が訪れる。商売も盛んである。役場や会社があって，地域の中心としての役割を果たしている。シマにはそんな機能はない。

　村落が自己完結的で閉鎖的，よそ者を受け入れない保守的・排他的な空間であるのに対し，都市は寛容である。村落で暮らせなくなった人でもOK。ヨソからやって来た，誰だかわからない人が住みつける余地がある。東京もニューヨークもそうやって大きくなった。人を寛容に受け入れるのは，交換機能や中枢管理機能を担う人材を確保するためでもある。多様な人材を受け入れることで，都市内部には多様な活動が発生する。

　いろいろな機能が集まると，競争原理が働いてモノが安くなったり，イノベーションが起こって新しいモノが生みだされたりする。これを集積効果という。都市は集積効果で成長する。

　ながながと都市地理学の一般論を述べ立てたが，これを前提として奄美のマチ，とくに名瀬を見てみよう。

　名瀬は薩摩時代に代官仮屋が立地し，明治維新後には鹿児島県大島支庁が置かれた，奄美群島の中心都市である。名瀬は政治都市としての性格が強く，大島支庁をはじめとする政治機能の立地が，経済機能の集積を誘導した。名瀬は本土からの人・物・資金・情報の受入窓口であり，戦後は群島全域から人が集

　まり，旧名瀬市の人口は5万人近くにまで増大した。

　一般的に小都市に立地する中心地機能は低次機能に限られるが，名瀬には県・国の出先機関や新聞社の本社・支局など，高次の中心地機能が立地する。海に隔てられ，隔絶性の高い離島の中心地は，人口規模にかかわらず，本土の中規模都市と同程度の機能を集積させている。

　名瀬の発展は，復帰以降の奄振事業*，すなわち公共事業と，大島紬業の発展に負うところが大きかった。奄振事業は，大都市圏から地方への所得の再配分の一環であった。今となっては悪名高い公共事業には，一定の役割があった。しかし国の財政悪化により，今後の継続にはあまり期待できない。名瀬の場合，大島紬業がもう一方の所得の源泉であったが，こちらも衰退著しい。

　都市は周辺地域から，労働力や物資，資金を集めることによって成り立つ。名瀬にとっての周辺地域とは奄美群島全体であるから，奄美の人口減少は，離島都市，名瀬の存立基盤の弱体化を意味する。名瀬は群島全体と一蓮托生なのである。名瀬がかつての輝きを取り戻すためには，名瀬だけが頑張ってもダメである。奄美群島全体，そしてそれぞれのシマが活性化する必要がある。

　その一方で，ここまで述べたコンパクトシティのような（Ⅲ-3・4），都市構造の再編にも取り組まなければならない。現在の名瀬は，最も大きく拡大した時の空間を，そのまま引き継いでいる。市街地中心部には，駐車場や空き家が目立ち，中身がスカスカである。現在の人口規模に見合ったサイズの都市に生まれ変わって，中身をぎゅっと濃くする必要がある。

　名瀬には奄美を母胎とする企業が比較的多く，マルエーや吉田商事のような地場商社もある。そのため，企業の撤退や流出があまり見られない。これが本土であれば，稼げなくなった地方都市は早々に見切りをつけられる。人口20万人規模の地方都市ですら，百貨店や金融機関が逃げ出す。地元資本に支えられた地域経済は強靭である。頑張る地元企業があるからこそ，名瀬の集積は維持されている。

---

　＊　奄振事業は，1953年の日本復帰後，戦後復興の遅れを取り戻すことを目的に，1954年に制定された奄美群島復興特別措置法とその後継法に基づく事業の総称である。同法は5年間の時限立法であるが，延長と改正が繰り返され，奄美群島開発特別措置法を経て，現在では奄美群島振興開発特別措置法として存続している。奄振法によって，奄美群島には累計で2兆7,000億円が投入されている。

# Ⅳ　はたらく島

奄美市笠利町用安のリゾートホテル
（2023 年 3 月撮影）

どんなにいい島だからって，ヤッパリちゃんと仕事をして，ご飯が食べられなきゃ住めない。大島紬や，本土からの公共投資のような，特定の分野にどっぷり依存する，かつての体質は改めなければならない。それではこれからの奄美を支える産業・経済の基盤は何だろうか？

# Ⅳ-1　稼げる島

　さて，クイズです。奄美群島最大の産業は何でしょう？ 公務員だとか建設業だとか，観光という人もいるかもしれない。答えは「医療・介護・福祉」である<sup>*</sup>。2018 年の奄美群島内の総生産額は 3,496 億円，そのうち 14.1 ％が医療・介護・福祉分野である<sup>**</sup>(p. 89)。市町村別には奄美市・徳之島町・与論町で第 1 位，これらを含め 8 市町村でベスト 3 に入っている。

　1980 年代以降，建設業と公務，すなわち公共事業は群島の産業の稼ぎ頭だった。公共事業の財源は奄振予算である。奄振は戦後復興の遅れを取り戻すための特別措置であった。最初は急場をしのぐためのカンフル剤だったのに，今ではすっかり「生命維持装置」である。

　奄美群島はもともと，サトウキビや大島紬を売って稼ぐことができた。それが振るわなくなった時から，奄美は本土からの「仕送り」，奄振事業への依存を深めた。奄美は自力で稼ぐ力を失ったのか？

　稼ぐ目的とは，地域経済学的には島にお金がたくさんある状態を作ることである。それには二つの方法がある。第一は島外から入ってくるお金を増やすこと，二つめは島外にお金が出ていかないようにすることである。

　奄美群島は物資・燃料の多くを本土に依存している。島外からお金が入ってきても，これらの支払いで，お金は穴の空いたバケツのように流出してしまう。バケツの穴を完全に塞ぐことはできないが，代替エネルギーの導入や地産地消など，穴を小さくする努力は必要である。

　入ってくるお金を増やすことは，島の中にたくさんお金がある状態を作りだすためには不可欠である。しかし大量のお金を島にもたらせる産業が，今の奄美には見あたらない。多くの人が期待する観光についてはⅣ-2・3 で述べたい。果樹や黒糖焼酎など，奄美ならではの産品は多いが，どれも生産額自体は大き

---

　*　『奄美群島の概況』では「保健衛生・社会事業」であるが，ここでは具体性を重視し，医療・介護・福祉とした。
　**　鹿児島県大島支庁 2022.『奄美群島の概況』.

くはない。

　しかし，これが島の産業の特徴でもある。海と山，平地があって，多様な自然環境を基盤にいろんなモノが作れる。しかし面積と人口が限られているため，たくさんは作れない。奄美群島はなんでも「多品種少量生産」なのである。

　特定の産物・産業に地域全体が大きく依存する経済構造を，モノカルチュア経済（monoculture economy）という。モノカルチュア経済は一本足打法で，他に頼るものがないから，いったんけっつまずくと総崩れになる。景気変動や需要の減少の波をモロにかぶる，非常にアブナイ経済構造である。世界中の多くの旧植民地は，支配国によってモノカルチュア的経済構造を押しつけられた結果，いまだに自立できないでいる。地域産業は，小さくても多品種で，バランスよくあるべきである。

　1960年代まで，奄美の多くの農家では女性が紬を織っていた。味噌だの豆腐だのを作って売っていた家もあったし，男性は山仕事や道路工事もやった。家族の働き手が，それぞれ複数の仕事をこなし，それらを組み合わせて家計が成り立っていた。いろんな仕事をすることは，総崩れを防ぐためでもあった。こういうのを「複業」という。いわば多品種少量ワークである。

　現代の働き方でも，複業は可能である。ユーチューバーなんてのもあるけど，好きなモノを作ったり，特技を活かしたりして，いくばくかの収入を得る。会社勤めしながら，休みの日には観光ガイドをやったり，漁をしてもいい。現役を退いた高齢者なら，農業などいろんな仕事に取り組める。

　全力で取り組む必要はない，テゲテゲでもいい。本業のほかに一つか二つ稼げる仕事があると，家計に余裕をもたらす。小さな複業でも合計すると，全体では思いがけない生産額になり，お小遣いが増えて，島の経済を助ける。

　島内のお金を増やす方法が，実はもう一つある。お金をできるだけ島内で循環させるのである。前述の二つめの方法である。よく言われる地産地消の「地消」の方を考えたい。お金が島外に流れ出るまで，なるべく長い間島にとどめ

＊＊＊　一つの仕事だけを職業とするという考えは，産業革命以降の都市社会において定着した。複業の現代的意味については，萩野（2017）を参照のこと。萩野　誠　2017. 鹿児島県島嶼地域自治体の総合戦略におけるエコツーリズムと担い手としてのコミュニティビジネス．島嶼研究 18：85-94, DOI: 10.5995/jis.18.1.85.

ておく。奄美群島では，本土への依存を深めた結果，本土から来たお金が，本土にそっくり回収される構造ができあがった。＊＊＊＊これではせっかく稼いでも，お金が有効に使われない。この状態を作りかえる必要がある。

　島外企業からモノを買ったら，お金は一直線に島外へ流出する。しかし地元の商店で買えば，支払ったお金は島内で再び使われる。こうすることで，お金は島内に滞留する。あなたのお金は島内で何度も人の手に渡り，そのたびに島の人びとを豊かにする。

　群島最大の産業となった医療・介護・福祉分野は，お金の循環を考えるととても効率がよい。支払われるお金の7〜9割は，健康保険や介護保険を原資とする公的資金，つまり本土からのお金である。

　公共事業が介護や福祉に置き換わっただけで，島外からの資金に依存する体質は変わらないじゃないか，というなかれ。公共事業で投下された資金は，アッサリ本土のゼネコンに回収される。しかし，介護・福祉事業所のほとんどは島内企業，従業員は島内出身だから，お金はしばらく島内にとどまる(p. 89)。関連業者との取引による波及効果も大きい。島外からのお金が島内で循環する。

　お金を島内で循環させるには，島内企業を増やすことが重要である。複業で小さな事業を，島内にたくさん作るのだ。起業の意欲にあふれたIターン者や，Uターンしてお店を開く人が増えたことは心強い。宇検村や大和村にある共同商店のように，集落でお店を作るのもアリだと思う。流出するお金を，集落にとどめることができる。

　パチンコ台のイメージかな。釘がないとパチンコ玉は何事もなく下の口に吸い込まれてしまうが，釘がいっぱい打ってあるからなかなか落ちない。時に当たって玉が出る。パチンコ台は奄美群島，パチンコ玉は本土からのお金，釘は島内企業や消費者である。ふざけた例えで恐縮だが。

　島内企業と消費者，そして島内企業間のお金のやり取りが増えれば，本土からの仕送りをあまりあてにせず，みんなが稼げる島が作れる。

　金は天下の回りもの，と言うではないか。

---

＊＊＊＊ この構造，実はODA(政府開発援助)とまったく同じ構図である。援助でインフラ建設したりして，日本はイイコトしてるなーと思ったら，工事は日本企業に発注され，援助額の相当な部分が日本に「還流」してしまう。

**奄美群島における産業別総生産の上位（2018 年）**

| 市 町 村 | 産業別総生産（名目）の上位3位（%） | | | | | |
|---|---|---|---|---|---|---|
| | 第1位 | | 第2位 | | 第3位 | |
| 奄 美 市 | 医療・介護・福祉 | 13.6 | 公務 | 11.9 | 建設業 | 11.6 |
| 大 和 村 | 建設業 | 28.7 | 公務 | 17.3 | 教育 | 11.1 |
| 宇 検 村 | 製造業 | 23.1 | 水産業 | 17.5 | 建設業 | 13.4 |
| 瀬 戸 内 町 | 建設業 | 24.6 | 公務 | 14.5 | 医療・介護・福祉 | 10.5 |
| 龍 郷 町 | 製造業 | 16.6 | 教育 | 14.0 | 卸売・小売業 | 9.6 |
| 喜 界 町 | 公務 | 14.4 | 建設業 | 10.0 | 医療・介護・福祉 | 10.5 |
| 徳 之 島 町 | 医療・介護・福祉 | 16.6 | 不動産業 | 10.3 | 公務 | 9.7 |
| 天 城 町 | 公務 | 14.0 | 農業 | 13.8 | 教育 | 11.0 |
| 伊 仙 町 | 農業 | 14.3 | 公務 | 13.8 | 医療・介護・福祉 | 9.3 |
| 和 泊 町 | 農業 | 14.9 | 公務 | 10.2 | 医療・介護・福祉 | 9.9 |
| 知 名 町 | 公務 | 17.0 | 医療・介護・福祉 | 13.5 | 農業 | 11.7 |
| 与 論 町 | 医療・介護・福祉 | 10.5 | 公務 | 10.4 | 不動産業 | 9.7 |
| 奄 美 群 島 | 医療・介護・福祉 | 14.1 | 公務 | 13.4 | 建設業 | 12.4 |

（『奄美群島の概況』2022 年により作成）

奄美市名瀬伊津部町の有料老人ホーム

（2023 年 3 月撮影）

# Ⅳ-2　ホスト／ゲストの観光

　「異郷において，よく知られたものを，ほんの少し，一時的な楽しみとして
売買する」。これは橋本和也という高名な文化人類学者による，観光の定義で
ある[*]。一度読んだだけではよくわからないが，観光とは，よそに行って，駆
け足で名所を巡り名物を味わい，ああ楽しかった〜といって帰ってくる，結構
お金のかかる楽しみ，ということである。

　この定義で重要な点は「よく知られたもの」というところである。私たちは
まったく知らないところをわざわざ見に行ったりはしない。知らないところに
行くのは，観光ではなく探検，冒険，あるいは放浪である。テレビやネット，
観光ガイドブックなどから情報を仕入れて，私たちは行くところを決める。

　問題はその中身である。メディア情報をもとに思い描いた，観光地のイメー
ジが，「よく知っている」の内容である。だから，私たちはパリやハワイのこと
をよく知っている。私たちの頭の中には，想像上のパリやハワイがある。観光
旅行は，イメージを確かめる「答え合わせ」のようなものである。イメージと
現実が合っていれば「正解」である。観光が楽しくなくなる言い方だが。

　観光地は，観光客のイメージ通りの空間を提供しなければならない。ここに
ホスト（host：観光地）とゲスト（guest：観光客）の関係が成り立つ。このような
見方はホスト／ゲスト論という，観光学の基本的な視点である。ホスト／ゲス
ト論の論点は，①ゲストのまなざしと②ホストの演出に要約できる。①はゲス
トの期待，②は観光地を魅力的に見せるための戦略である。

　ゲストにとっては，観光地が自分のイメージに合致することが大切である。
思い描いた姿と，同じ景色や食べ物に巡り会えば，満足度は高い。

　観光地の景色や観光施設は，ゲストが満足できるよう，ホストによって演出
されている。さらに言うと作りかえられている。地域の実体とはかけ離れたも
のができあがることもあるが，それはゲストのイメージを裏切らないためであ
る。その意味で観光アトラクションは虚構，ウソであるが，虚構であってもゲ

---

　*　橋本和也 1999.『観光人類学の戦略──文化の売り方売られ方──』世界思想社.

ストが満足すれば，ホストの目的は達成される。ナイーブになってはいけない。

　日本の多くのゲストにとって，南の島＝沖縄である。コバルトブルーの海とエメラルドグリーンのサンゴ礁，沖縄的な「ゆるさ」。判で捺したような沖縄イメージが，あろうことか奄美にも押しつけられる。奄美の観光は，奄美に対するゲストの無理解の上に成り立っている。しかし奄美は沖縄ではない。

　奄美の観光関係者に話を聞くと，みな一様に「奄美らしさ」を強調する。それは冒頭の定義にある「異郷において」というところを，ホスト側，すなわち奄美が意識しているからである。奄美らしさの発見を，ゲストが期待していると思い込んでいる。しかし，南の島に対するゲストのイメージは漠然としている。ゲストは奄美をよく知らないし，奄美らしさにさほどこだわってもいない。ホストが奄美らしいと思っていても，そのよさをゲストが理解できなければ，観光アトラクションとしては失敗である。

　島の観光を成功させるためには，ゲストのまなざしや期待を理解し，それに応えられるアトラクションを，ホストが用意する必要がある。ゲストによさをわかってもらうには，仕掛けや演出も必要である。

　例えばケンムン（p. 93）。観光商品にしようとさまざまな取り組みがみられるが，本土のゲストはヘンな妖怪と認識するだけである。私たちがケンムンに抱く畏れと親しみは到底理解されない。

　ケンムンと似たものに飛驒高山の「さるぼぼ」がある（p. 93）。さるぼぼは本来，安産や子どもの健やかな成長を祈って作られた人形である。キュートなフォルムが人気で，ストラップなどのグッズが売られている。さるぼぼ本来の意味を，ゲストが理解する必要はない。ただかわいければいいのだ。観光の商品は，観光の文脈で価値を与えられることで成立する。「高山にいたかわいいお化け」でよいのである。観光商品化の過程で，往々にして，本来の意味や目的は失われる。

　その点，アマミノクロウサギは大成功である。夜の峠道を自動車でゆっくり走る，ちょっとワイルドな演出を施した三太郎峠のナイトツアーは，アマミノクロウサギが立派な観光商品になることを証明した。しかも，太古から変わらず希少生物という，本来の文脈を失っていない。

　観光学では，本物であることをオーセンティシティ（authenticity：真正性）と

いう。前述の「らしさ」の正体はコレである。これから観光化しようとする地域
では，ホスト側はオーセンティシティに強くこだわる。しかし高度に観光化を
とげた熱海や別府などの温泉観光地では，晩ご飯にフランス料理が出たり，キャ
ラクター商品をお土産として売っていたりする。オーセンティシティはおおむ
ね無視。それっぽければヨイ。ゲストのまなざしを，実によくわかっている[**]。

　オーセンティシティ，あるいは「奄美らしさ」をかなぐり捨ててしまえば，
観光地としての奄美の演出は簡単である。沖縄やグアムにもある，絵に描いた
ようなビーチリゾートを作ればよい。金はかかるけど。

　観光において重要なことは，徹底してゲストの立場に立たないと，ゲストに
は受け入れてもらえない，ということである。ホスト側の希望や思いを理解し
ようとするゲストはいない。だって遊びに行くんだもん，観光では思いっきり
わがまま言いたい。

　極論をいうと，観光アトラクションに「奄美らしさ」はイラナイ。紋切り型
でステレオタイプな「南国イメージ」を盛り上げよう。ゲストは思い描いたと
おりの南国の風景を目にして，きっと喜んでくれる。

　私はホストでもゲストでもない立場にあるが，島のオーセンティシティを楽
しみながら過ごしたいと思っている。奄美らしさを見つけるたびに，ころころ
と喜んでいる。私のように考えるゲストも，少数ながらいる。そんな少数派に
とっては，オーセンティックなアトラクションは不可欠である。

　魅力的な観光アトラクションを作るには，徹底してゲストの期待に応えるか，
ホストの「らしさ」をゲストに理解してもらえる工夫をするかの，二者択一で
ある。後者は困難な選択肢であるが，奄美にはコッチがふさわしい。独自の自
然や文化の，本来の意味や文脈を保ちつつ，ゲストの視線から演出・商品化す
る。発展途上の観光地が直面する難題に，奄美も正面から取り組まなければな
らない。

***

**　同じことはブーアスティン（Daniel Joseph Boorstin, 1914〜2004）が60年前に指摘してい
る。「トルコに行き，イスタンブール・ヒルトンに泊まるとしよう。観光客がトルコを「経
験する」のは（窓の外には本物のトルコが横たわっているにもかかわらず）トルコ風の装飾
が施されたホテルの部屋においてなのだ。これらの経験は真の経験ではなく「疑似イベン
ト」だ」。ブーアスティン, D. J. 著，星野郁美・後藤和彦訳 1964.『幻影の時代──マスコミ
が製造する事実──』東京創元社.

『南島雑話』のケンムン
（奄美市立奄美博物館所蔵）

飛騨高山のさるぼぼ

# Ⅳ-3　客を選ぶ観光地

　基幹産業が低迷する現在，観光に対する奄美群島の期待は熱い。しかし奄美は，ホントに観光でやっていけるのだろうか？

　2022年の『奄美群島の概況』によると，2018年における観光業を含む宿泊・飲食サービス業の総生産額は113億円，群島全体の3.2％にすぎない。しかもこの中には当然，島内客の消費が含まれ，純然たる観光消費ではない。2020年の国勢調査による同産業の従事者率は6.7％。コロナ前の2019年における入域者数は41.7万人である。観光は群島経済の屋台骨を支える基幹産業とはいいがたい。

　日本の地方，ことに過疎や高齢化に悩む農山村や離島地域は，半世紀以上前から，こぞって観光に期待をかけている。「日本の地方，全部観光地化計画」か？　と思ってしまうくらいだ。ことに，基幹産業が衰退した地域では，もはや観光以外に生きる途はない，とまで思いつめている。これらの地域の首長さんとお話すると「ウチは海がキレイで魚が美味しくて……」と，みんな同じようなことをおっしゃる。

　ドッコイ，そうは問屋が卸さない。観光地はそんなに簡単には作れない。海がキレイなだけじゃお客さんは来ないんです！　それだけじゃタダの田舎なんですよ。観光は総合産業で，交通インフラ・観光アトラクション・宿泊施設・特産品・地場産業・景観保全，さらには「おもてなし」と，幅広い分野への投資が必要である。まともに取り組んだら，投資額は前述のお気楽な自治体の年間予算をしのぐ。それだけカネをかけても，ゲストのお気に召すかはわからない。観光は巨額の投資を必要とするハイリスク産業でもある。

　私は日本の離島を主要産業によって分類したことがある。観光で成り立っている島は，対象とした175島中，わずか11島であった。[*]11島の宿泊・飲食サー

---

　＊　須山　聡 2022. 2015年の人口データに基づいた日本の離島の地域類型. 駒澤地理 58: 1-19, http://repo.komazawa-u.ac.jp/opac/repository/all/MD40140602/rcr058-01-suyama. pdf（最終閲覧日：2023年11月12日）

ビス業従事者率は38％で，観光に特化しすぎている。観光は景気変動に弱く，観光にどっぷり依存した地域の経済は，不景気になったらとたんに沈む。

　奄美群島で唯一，観光化を経験したのが与論島である[**]。1970年代の与論島には年間15万人の若者が大挙して押しかけた。賑やかにはなったが，彼らが島で使うカネは少なく，人数の割には儲からなかった。しかもブームはあっという間に去った。観光地は消費の対象である。魅力を失った観光地は，移り気な消費者に忘れ去られる。日本の地方には，巨額の金をつぎ込んだものの，観光地になり損ねた地域がいくらでもある。

　そもそも，観光は地域産業の蓄積・余裕があって初めて成り立つ。京都の観光は，京都という都市の幅広い経済活動を基盤としている。伝統工芸や飲食業があってこその京都観光である。お寺や神社や舞妓さんだけでは，京都の観光は成り立たない。地域の健全な経済基盤が，観光業を成立させる。

　観光は，地域産業が生み出した利益の利息みたいなものである。観光で地域を立て直そうというのは，元本なしで利息を求めるに等しい。

　したがって観光は地域経済の規模に応じて成立する。となれば，基幹産業が萎縮し，大規模な観光投資ができない奄美に，できることを考える必要がある。そのキーワードは，「小規模」「人格的」「高価格」の三つである。

　少数のゲストを，家族や友だちのように迎え入れ，それに見合う対価をいただく。すると，マスツーリズム（mass turism：大衆観光）に代わる新しい観光，オルタナティブツーリズム（alternative tourism：代替観光）が提案できる。

　ダイビングやエコツーリズムがその典型である。ガイドに案内され，少人数で山やサンゴ礁，集落を散策したり，海に潜ったり泥染したり，他ではできないことを体験する（p. 97）。大型バスで駆け足で移動するような，せわしない観光では，奄美のよさをわかってもらえない。

　人格的とは，ホストとゲストが人と人として交流することを意味する。単なる経済的取引を越えたつきあい方を，奄美の人は知っている。それが都会の人びとにはとても新鮮である。これこそが，奄美の観光の最大のセールスポイントでもある。少人数ならば，ホストとゲストの個人的な関係が形成されやすく，

**　桑原季雄 2011．与論島における観光再生の現状．南太平洋海域調査研究報告 52：21-30，http://hdl.handle.net/10232/12805（最終閲覧日：2023年11月12日）

それが再度の来訪につながる。

　すぐれたガイドがつきっきりで案内するツアーならば，ゲストは高価格を受け入れる。他のサービス業と比べてみればよい。東京の並みのマッサージ店では，1時間で6,000〜8,000円は取る。東京ディズニーリゾートの入場料は7,900円である。奄美のナイトツアーやカヌーツアーは，ディズニーよりもずっと楽しい。個人の感想であるが(p.97)。

　奄美の観光サービスは安すぎる。もちろん，競争原理が働くことはわかる。しかし，価格で競争しては元も子もない。競争すべきはアトラクションの内容，エコツアーガイドの場合はガイド技術と接遇サービスである。値段じゃなくて腕を競おう。

　奄美の観光アトラクションは，ここでしか体験できない，いずれも希少性と付加価値がきわめて高いサービスである。時間をかけて，工夫を重ねて作り上げたアトラクションを安売りする必要はない。安売りでは，たとえ観光化に成功しても所得が向上せず，オーバーツーリズムを引き起こして島の環境が壊されるだけである。

　高価格の観光を選ぶゲストは，富裕層が中心である。彼らは不景気でも観光に来てくれる。また奄美の自然や文化に強い関心を持つ層でもある。少数のリッチなゲストからシッカリお金をいただく。できれば1週間くらい滞在して，大盤振る舞いしてほしい。控えめにみても，奄美で10万円を消費する観光客が10万人来てくれれば，群島の観光収入は100億円に達する。

　高価格観光であれば，多くのゲストを相手にしなくてもよい。多すぎる観光客を相手に，オロオロする必要もない。客は自ずと絞られる。安売りで客を集める必要もない。奄美のよさを理解できる，少数の良質なゲストが本当のお客様である。オーバーツーリズムの懸念からも解放され，世界自然遺産を守ることができる。

　マスツーリズムは，不特定多数の人びとを無条件で受け入れることが前提であった。千客万来，お客様は神様です，って。しかし誰でも大歓迎の観光は，必ずしも地域の発展に結びつかない。気難しい料理屋のように「客を選ぶ観光地」というやり方もある。

　でもこの路線，あんまりやり過ぎると，私が奄美に来られなくなる……。

奄美市住用町のマングローブカヌーツアー
（2013 年 8 月撮影）

奄美市住用町，三太郎峠のアマミノクロウサギナイトツアー
（2019 年 8 月撮影）

# Ⅳ-4　ベイスターズがやってきた

　私は半世紀にわたる大洋ホエールズ・横浜DeNAベイスターズ（以下，ベイスターズ）のファンで，家族も全員ベイスターズファンである。わが家ではベイスターズを「ウチのチーム」と言い，主砲となった牧秀悟選手をつかまえて「うちの秀悟は」などと呼び捨てている。長男にいたっては，好きが昂じて横浜スタジアムでバイトしていた。

　そのベイスターズが，2010年から奄美大島でキャンプを張っている。2010年の秋季キャンプは，10月の奄美豪雨の直後であった。本当に来てくれるのかと危ぶんだが，尾花高夫監督をはじめ，三浦大輔投手・内川聖一選手らが顔をそろえた。

　2023年には二軍中心の春季キャンプが開催された。2月1日の歓迎セレモニーで，今永昇太投手をはじめ34人の選手が並んだ様子を見て，私は身ぶるいした。プロ野球選手がこんなにたくさん島にいるのである。

　名瀬運動公園野球場は出入り自由で，気が向いた時に練習を見に行くことができる。今永投手が育成選手のフリー打撃に登板するのを見た。エースピッチャーが育成選手の打撃投手を務めるなんて，普通のキャンプでは絶対にあり得ない。

　今永投手は私の本務校，駒澤大学の卒業生である。彼を直接教えたことはないものの，島内で彼のことを「今永君」と上から目線で呼べるのは，仁志敏久二軍監督をのぞくと私だけである。エヘン。

　ああ，ダメ。永遠にベイスターズのことばっかり書きそうだ。本書の趣旨に戻ろう。

　プロスポーツの立地には条件がある。観客を動員できる人口がなければ，プロスポーツは成立しない。プロ野球12球団は，いずれも人口100万人以上の都市圏に本拠地球場を置いている。プロスポーツは大都市のものである。

　しかし長いシーズンに備えるキャンプでは，温暖な気候が第一条件である。2023年には全球団の一軍キャンプが，宮崎県と沖縄県に集結した。競技施設

が整備されていることは重要な要素である。プロ野球の規格に適合したグラウンドがあること，さらには屋内練習場やブルペンなどの付帯設備も必要である。

　しかし，競技の環境だけではダメである。キャンプは1か月弱続く。選手たちは野球ばっかりやっているわけではなく，ご飯も食べるし，遊びに行くこともある。オフタイムを充実させ，選手が「日常」を滞りなく過ごす環境を整える必要がある。

　美味しいレストランや焼き肉店は必須である。奄美だからといって，毎日鶏飯というわけにはいかない。お相撲さんほどではないにしろ，野球選手たちはよく飲むらしい。屋仁川通りの繁華街はきっと彼らを満足させてくれるだろう。素の野球選手はそこったらへんのアンチャンと変わらないから，ファーストフードも，コンビニもなければ困る。ケガや病気に対応できる病院がなければならないし，翌日までにユニフォームをクリーニングできる業者も必要である。もちろん，多人数を受け入れ，快適な睡眠を保証するクォリティの高いホテルは不可欠である。本土の都市と同様に，選手が必要とするものを，当たり前に提供できる都市でなければ，プロ野球のキャンプは受け入れられない。

　温暖で都市的な条件がそろった地域とは，すなわちリゾート観光地である。宮崎県・沖縄県にキャンプが集中するのは，観光都市として整備されたインフラストラクチュアが，プロ野球のキャンプでも利用できるからである。

　奄美はリゾート観光地ではない。しかし，地理学の目で見ると，ベイスターズというチーム，非常にお目が高い。

　キャンプ地にはファンも集まる。プロとしてファンサービスは大切だが，時として野球に集中できない環境を生むことがある。若い人たちが選手を追っかけてくる。その点，奄美は目立たない。高い飛行機代を出してまで，奄美までやって来る熱心なファンは，そんなに多くはない。選手たちは好奇の視線に晒されず，野球に取り組める。

　興行としてのプロ野球は都市に立地するが，運動競技としての野球の適地は，行きにくく，人があまり来ないところ，となるか。温暖で競技インフラが整い，都市的集積がありながら，目につきにくいとなると，条件は厳しい。名瀬は小さな都市ではあるが，それらの条件を見事にクリアしている。

　2010年のキャンプを担当した奄美市の職員さんから，興味深い話を聞いた。

ベイスターズの本来の二軍キャンプ地であった，沖縄県嘉手納町の球場は海に近く，打球を追っていると海からの照り返しが視界に入って，外野手はたいそう疲れるのだそうだ。その点，名瀬運動公園は山に囲まれ，打球が追いやすい。それだけが理由ではなかろうが，ベイスターズは選手目線で，キャンプ地に奄美を選んだ。

　忘れてはならないのは，奄美の人びとのホスピタリティである。奄美には陸上競技を中心に，大学や実業団チームが訪れる。マラソンの高橋尚子選手は徳之島，野口みずき選手は奄美大島で合宿した。これにより奄美は陸上競技長距離種目の合宿地として知られ，2023年2月には駒澤大学の駅伝チームも徳之島で合宿した。

　知らない土地に来て厳しい練習に取り組む選手は，時として孤独である。練習場までの送迎はもちろん，観光に連れて行ったり，自宅に呼んでもてなしたりと，何くれとなく世話を焼く人たちが奄美にはいる[*]。他者に対する優しいまなざしが，選手を惹きつける[**]。

　ベイスターズは球団の方針として地域密着を標榜している。奄美キャンプでも，野球教室や食育教室を開いて，島の子どもたちと交流してきた(p. 101)。こうしたイベントは大きな刺激となり，島のスポーツ振興に貢献している。センバツ甲子園大会に出場した鹿児島県立大島高校のメンバーのなかにも，ベイスターズの野球教室に参加した選手がいたと聞く。奄美でのキャンプは2024年が最後だという。残念ではあるが，ベイスターズが奄美に残した足跡は大きい。

　ベイスターズはずっと弱いチームだった。50年以上もファンをやっている私が，リーグ優勝・日本一は1回しか経験していない。奄美キャンプの成果が結実することを，心の底から強く望む。参加選手の多くは，これからのベイスターズをを支える若手である。奄美で強くなって，リーグ優勝，そして日本一を勝ち取ってほしい。ハマスタで三浦大輔監督の胴上げが見たい。

---

[*]　奄美市立奄美博物館の平城達哉学芸員は，キャンプに参加した関根大気外野手を夜の奄美の森に案内し，アマミノクロウサギなどの野生生物を見せた。

[**]　須山　聡　2010．奄美大島における新たなツーリズムの展開――スポーツ合宿によるしまおこし――．駒澤大学文学部紀要 68：17-34，http://repo.komazawa-u.ac.jp/opac/repository/all/29799/jbg068-03.pdf（最終閲覧日：2023年11月12日）

中学生対象の野球教室
（2023 年 2 月撮影）

横浜 DeNA ベイスターズのラッピングを施した路線バス
（2022 年 9 月撮影）

# 小括④　同じことをしていては稼げない

「同じこと」には二つの意味がある。

第一に昔と同じことをやっても，成功はおぼつかない，という意味である。かつて隆盛をきわめたものが衰退するのは，取り巻く環境が変わったからである。同じことをやっていては，変化に対応できない。

復帰後の奄美に経済的繁栄をもたらしたものといえば，何を措いても大島紬である。大島紬は極端な労働集約型産業，もっといえば発展途上国型産業である。大島紬業は，織り子さんの低賃金と長時間労働の上に成り立っていた。

そんなことはないよ～，たくさん稼いだよ～，というオバもいるであろう。奄美群島全体の賃金水準が本土に比べて極端に低かったからこそ，稼げたような気がしただけである。

そもそも，京都の問屋にとって，奄美は都合のよい「下請工場」にすぎなかった。問屋にいわれるがまま，市場物（しじょうもの）を織るだけの産地＊。大部分の機屋には商品企画力も，独自の販路も，価格決定権もなかった。

現在の大島紬の生産額は，最盛期の100分の1にも満たない。しかし現在踏みとどまっている機屋さんたちは，修羅場をくぐり抜けてきた歴戦のツワモノである。潮が引くように去った一時のブームと，それに続く長い低迷期においても，独自の商品を開発したり，新たな販路を開拓することで，大島紬に新しい息吹をもたらしている。昔と同じことはしていない。

二つめの同じことは，他地域と同じこと，という意味である。パクりってヤツですな。ことに観光業では，この路線をよく見る。バブル期にテーマパークが大はやりしたのを覚えている方もいるだろう。地方には目先を変えただけのテーマパークが簇生（そうせい）したが，ほとんどが数年以内に行き詰まった。

よそでうまくいったのは，その地域の条件に合った観光アトラクションだっ

---

＊　大島紬には，問屋からの注文による市場物と，奄美の機屋が設計・デザインする誂え物（あつらえもの）がある。市場物は委託生産であり，市場物に頼る限り，機屋は問屋に従属する立場に置かれる。鹿児島県立短期大学地域研究所編 1986.『大島紬の研究——経済・科学・デザイン——』.

たからで，そのままパクってうまくいくはずがない。沖縄の観光はうらやましいが，だからといって奄美が沖縄をパクっても，沖縄のような成功は保証できない。むしろ，沖縄的なマスツーリズムを成立させるために必要な諸条件が，奄美には大きく欠落している。

　観光は実のところ，巨額の投資を必要とする「装置産業」である。客を運ぶ交通インフラの整備がまず必要だし，宿泊施設や，ゲストを満足させる観光アトラクションにも投資しなければならない。また，広告費や人件費などのランニングコストを十分にかけなければ，クオリティの高いサービスは提供できない。沖縄は島外資本を積極的に受け入れ，50年間，観光投資を繰り返してきた。奄美にそこまでやる覚悟はあるだろうか。

　弱体化した奄美の産業基盤を復活させるためには何が必要か？　奄美群島はしかしながら10万人の人口を有する市場でもある。この市場が今最も必要としている産業分野が，医療・福祉・介護であることはⅣ-1で指摘した。この分野の原資は公的資金であり，奄美の住民が支出するお金に比べて，入ってくるお金が圧倒的に多い。この分野を成長させ，サービス水準を引き上げることで，QOL（quality of life；生活の質）の高い社会を作ることができる。

　群島外からの収入を増やすには，観光が手っ取り早いが，前述のように沖縄のマネはマズイ。奄美に適した観光スタイルを考える必要がある。アトラクションを高付加価値化し，客単価を大幅に上げる戦略が必要である（Ⅳ-3）。そのための素材や条件はそろっている。とくにホストとゲストの個人的な関係性を構築することで，ゲストを奄美の虜にする作戦を立てるべきである。

　農業・漁業についても，独自性の高い生産物がある。私はとくにバナナに注目している。奄美では庭先で当たり前になっているが，こんなに美味しいバナナはなかなかない。あまり注目されていない亜熱帯性果樹にも商品性がある。ぜひ本土に売り込んでもらいたいものだ。

　富山県人の私は，身体の半分がコンブでできている。奄美でもコンブをよく使う。奄美の魚で富山式の昆布締めを作ると絶品である。とくにエラブチ（ブダイ）がよろしい。昆布締めは保存が利くので，商品化すると売れると思うのだが。奄美と富山のコラボレーションで，新しいものを誰か作ってみないか？

# V 島とナイチ

ダレス声明に感謝する提灯行列(1953年8月8日)
(奄美市提供)

奄美群島は薩摩の植民地支配を経験し，明治になってもさまざまな差別的境遇に甘んじてきた。1946〜53年には米軍政下に置かれ，復帰後は奄振法による振興が図られてきたが，本土への従属と依存はむしろ強まっている。群島が本土からどのように見られてきたのか，島と本土の関係性を考える必要がある。

# V-1　ナイチと内国植民地

　長男が生まれた時，顔を見に来た妻の伯母が「内地人みたいだね〜」と不思議な感想を漏らしたことがある。私の妻は韓国人である。伯母が幼い頃，朝鮮は日本の植民地で，戦前の教育を受けた伯母は，日本語が流暢であった。伯母としては立派な子どもが生まれてうれしい，と言いたかったのであろう。しかしながら戦前の朝鮮と日本の関係を反映した言葉とも受け取れた。「優れた内地人」という意識が，韓国の古い世代には残っていた。韓国の高度成長期に育った妻は「悲しい言葉だね」と言った。

　内地という言葉は知っていたが，まさか自分に関わるとは思ってもいなかった。私には内地人という自覚はない。むしろ内地という言葉に含まれる差別的な意味合いを強く否定する立場である。それ以来，内地という言葉にはわだかまりを感じていた。

　奄美では，内地という言葉が頻繁に用いられる。私自身も「内地に上る」などと当たり前に使うようになった。しかし，内地という言葉に対する釈然としない印象は，むしろ増幅された。奄美でいう内地には，むしろカタカナで「ナイチ」と書いた方がよさそうな響きがある。

　日本は世界史的には最後発の植民地主義国家であった。内地という言葉は，1918（大正7）年に制定された共通法という，帝国主義的な支配の論理に基づく法律で規定された。同法は日本の統治権が及ぶ範囲を「内地・台湾・朝鮮・関東州」とし，外地，つまり植民地である台湾・朝鮮・関東州を除いた地域を内地と定義した。支配する側が内地，される側が外地である。現在の47都道府県はすべて内地である。

　あれれ，奄美も内地じゃん。

　一方，奄美でいうナイチは，具体的には日本の主要4島を指す（p. 109）。同

---

＊　「上る」もかなり差別的な表現である。ナイチが上なのね，と奄美が承認しているようにも受け取れる。
＊＊　共通法は，植民地ごとに異なる法令の適用範囲を確定し，それぞれの法令間の調整を目的に制定された。

じ使い方は，沖縄や北海道でも一般的である。北海道の場合，本州・四国・九州の3島がナイチである。自分たちが住むところも内地なのに，ことさら本土を指してナイチと称するところが釈然としない。じゃあ，奄美は何という場所なんだ？

　近代史や歴史地理学の分野では，「内国植民地」の研究が進展している。植民地は本来の国土以外に領有する土地を指し，産出する資源や労働力は本国による収奪の対象とされた。インドやブラジルがその典型である。

　植民地の研究が進むにつれ，国内にも植民地的な状況にある地域が「発見」された。例えばイギリスの北アイルランドやウェールズであり，アメリカのハワイやアラスカにも当てはまる。これが内国植民地である。

　日本において，本土をナイチと呼ぶ地域は，この内国植民地に符合する。それらに共通の要素は，日本への帰属が遅れたことである。北海道の編入は1869（明治2）年，奄美・沖縄は1879年の琉球処分で日本領と確定した。台湾の植民地化は1895年，韓国併合は1910年であった。領土への編入という観点からは，奄美・沖縄・北海道は，台湾・朝鮮よりちょっと早かったにすぎない。

　この時，奄美は主体的に日本への帰属を選んだわけではない。帰属の決定は奄美の意志ではなく，日本の都合であった。歴史上，奄美が自らの意志で帰属を選択したのは，米軍政下における復帰運動の時のみであった。

　奄美は国内の他地域に先駆けて植民地化された。奄美の植民地支配は1609（慶長14）年の薩摩侵攻にまでさかのぼる。この年に，オランダは現在のインドネシアを東インド総督の支配下に置き，オランダ領東インドとして植民地支配を本格化させた。奄美はインドネシアと並ぶ長い植民地の歴史を有する。

　薩摩藩によるサトウキビ栽培の強要は，世界中の植民地を特徴づけるモノカルチュア経済そのものである。また，サトウキビの物納と惣買入制度は，奄美における貨幣経済の形成を遅らせた。

　明治以降，本土から進出した寄留商人の経済支配により，奄美の財産は本土に流出した。寄留商人は植民地支配の先兵だった。貨幣経済が未発達な奄美において，彼らはやすやすと経済を支配した。

---

\*\*\*　三木理史 1999. 移住型植民地樺太と豊原の市街地形成. 人文地理 51：217-239, DOI: 10.4200/jjhg1948.51.217.

　それだけではなく，鹿児島県は 1888（明治 21）年に，大島郡，すなわち奄美群島の財政を鹿児島県から切り離した。いわゆる「大島独立経済」である。[****]いっけん，この措置は地域の独自性を認めたもののようにも思える。しかし当時の奄美群島は，ナイチの砂糖商人に対する債務で汲々としていた。鹿児島県本土から切り離され，財政支援を受けられず，あとはすべて自分たちでヤリナサイと言われ，「自活」を強要された。取れるものは搾り取るけど，何も与えない。鹿児島県自らが奄美を植民地とみなしていた証左である。

　内国植民地的状況は決して過去のものではなく，現在も続いている。日本復帰後の人口減少も，植民地的な構図に基づく，労働力・人材の収奪とみなすことができる。奄振による政策投資がなされてきたではないか，ナイチはむしり取るばかりではないぞ，という反論があるが，この資金とて，ナイチの支配，ナイチへの依存を深める道具として働いた。

　法律はどうあれ，奄美の人びとは自分たちが内地ではなく，内国植民地扱いされていることを知っている。ナイチは，奄美の内国植民地的な実態を暗に示す言葉である。奄美の人びとは，歴史的に構築された支配／被支配の関係が続いていることを察知し，それをナイチという言葉で表現している。

　だからといって奄美の人びとは，自分たちを内地扱いしろとは主張しない。植民地をもたない現在の日本は，表向き，すべて内地だからである。しかし奄美は，自分たちが内地ではないことを示すために，自分たちが置かれた状況を作り上げた当事者を指して，無言の批判を込めてナイチと言っている。「逆差別用語か？」と思うほどに，言うに言われぬ複雑な心理である。

　海外植民地，つまり外地がなくなり，内地は死語となったが，ナイチは残っている。いや，衰退が進む日本の地方の実態に目を向けると，新たなナイチが再生産され続けているともみえる。違いがあることは世界を豊かにするが，それが格差や不公平として表れては，世界は生きづらくなる。

　植民地だとか支配だとか，気を悪くされた方もいるかもしれない。しかし，歴史上のできごとを評価し，その意味を問うことが，これからの奄美を考える上では必要である。

---

[****] 大島独立経済については，『宇検村誌 自然・通史編』にある皆村武一の論考が詳しい。宇検村誌編纂委員会編 2017.『宇検村誌 自然・通史編』宇検村教育委員会.

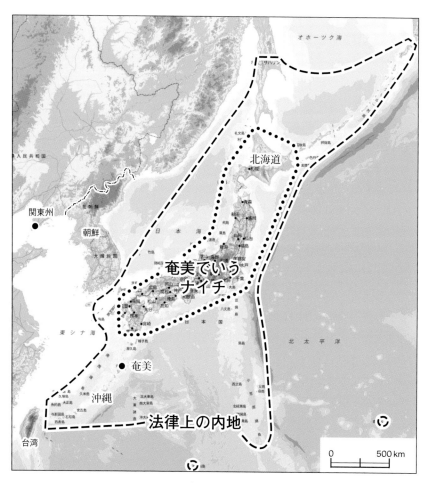

内地とナイチ

# V-2　奄美復帰70年──奄美のさかいめ──

　奄美群島は8年に及ぶ米軍統治を経て，1953年12月25日に日本に復帰した。不思議なのは，なぜ奄美群島だけが沖縄に先行して単独で復帰できたのか，である。この点について，奄美群島はアメリカの軍事戦略上有用ではなく，統治にコストがかかるから，と説明される。

　それでは奄美と沖縄はどのように線引きされたのか？ その背後には，奄美群島に対する地理的認識の曖昧さが横たわっているように思える。

　1946年2月2日の奄美群島の行政分離から奄美返還協定まで，日米間で議論される過程で，奄美・沖縄の地理的定義が大きな問題となった。主に議論されたのは北緯30度・29度・27度線であった。その他に北緯31度・27度30分なんてのも出てきた(p. 113)。豚肉を切り分けるわけじゃないんだから，こんなテキトウなやり方で領土を決められたらたまったもんじゃない！

　地理学では地域の「まとまり」をことのほか重視する。奄美群島とか沖縄県というまとまりは，私たちの行動の基礎的な枠組みである。地域のまとまりを無視して勝手に切り分けると，朝鮮半島やパレスチナのような，いびつな地域ができあがる。まとまりに即した地域設定はとても大切である。

　私は，日米両政府は，奄美・沖縄に対するろくな地理的認識を持っていなかったのではないか，と疑っている。そのことが，奄美の米軍統治や復帰に際しての混乱を引き起こしたのではないか。もっといえば，アメリカが奄美群島を正しく把握していれば，8年間の米軍政そのものが不要だったのではないか，とすら考えている。

　これらの仮説を証明し，疑問を解決するには，日米両政府が奄美群島を何と呼んでいたのかを確認する必要がある。また，奄美自身が奄美群島をどう自称していたかを知る必要もある。村山家國の『奄美復帰史』とR. エルドリッヂの『奄美返還と日米関係』は，奄美復帰運動を通覧でき，当時の文書史料を多数

---

＊　村山家國 1971.『奄美復帰史』南海日日新聞社．エルドリッヂ，R.D. 2003.『奄美返還と日米関係──戦後アメリカの奄美・沖縄占領とアジア戦略──』南方新社．

収録している。これらに収録された，日米両政府およびアメリカ軍の文書から，奄美群島の呼称を抽出した。合わせて奄美大島日本復帰協議会（復協）の陳情書[**]や，当時の地元政府の文書を参照した。もちろん，これらに収録された文献は主だったもののみであるが，全体の流れを見通すには十分である。

　奄美・アメリカ・日本による奄美の呼称は全然違う（p.113）。

　奄美では「奄美大島」「大島郡」が最もよく使われ，「奄美群島」「奄美」もみられる。これらの呼称は，奄美群島のまとまりを自覚し，独自の地域とする認識を示す。群島全体を指して奄美大島というのはかなり違和感があるが，当時はこれが常識だった。復協も奄美大島を冠していたし，徳之島出身の横綱，三代目朝潮は，奄美大島出身と紹介されていた。

　「大島郡」という表現は，復帰運動が活発化した 1951 年 8 月ごろから頻繁に用いられた。行政区画としての郡は，戦後ほとんど意味をもたなくなったが，奄美群島が鹿児島県大島郡であることを強調することで，日本への帰属と，琉球とは違う地域であることを主張する根拠とされた。

　復帰運動において，奄美は最初の段階から沖縄とは訣別していた。奄美にとって，奄美単独の復帰は自明の路線であり，いまだに誰もが不思議とも思わない。琉球王国に服属した時代があるにもかかわらず，奄美は琉球との違いを強調し，その根拠として大島郡という枠組みを持ち出した。

　アメリカは奄美をどう見ていたのであろうか。最も多い表記は「琉球」である。これに「北部琉球」を加えると全体の過半数を超える。

　1945 年 9 月，奄美の日本軍の武装解除時，奄美守備隊長の高田貞利少将は，アメリカ軍の武装解除指令書に「Northern Ryukyu（北部琉球）」とあることに抗議し「north of Okinawa to 30°north latitude（沖縄の北，北緯 30 度まで）」と書き換えさせた。鹿児島県出身の高田は，奄美が鹿児島県であり，沖縄ではないことを主張し「たとえ銃殺されてもこの地の兵器を北部琉球の兵器として引き渡すことはできない」と強硬に突っぱねた。

　気骨の軍人の剣幕は，しかし米軍の老獪（ろうかい）な対応にいなされた。軍政府の日

---

[**]　復協は奄美復帰を目的に 1951 年 2 月 13 日に結成された。米軍政府が政治活動を厳しく弾圧したため，復協は復帰運動を「民族運動」と位置づけ，非政治性を強調した。このことが，復帰運動後期における琉球人民党（共産党）排除に結びついた。

本語表記は「北部南西諸島」とされたが，英語では「Northern Ryukyu」のまま
だった。アメリカ軍は奄美をあくまで琉球の一部とみなしていた。

　国防省は極東の安全保障における沖縄の重要性から，南西諸島全域の保有を
目論んだ。外交を担当する国務省も，南西諸島全域を琉球とする認識では同様
であったが，安定的な日米関係構築を重視し，奄美返還には前向きであった。

　アメリカにとって，九州の南に続く島じまは，結局のところ「琉球」であっ
た。奄美群島や奄美という表現は，奄美群島の返還交渉が本格化して以降用い
られた。1953年8月8日のダレス声明においても「Amami Oshima Group（奄
美大島島群）」というワケのわからない用語を用い，***アメリカは最後の最後ま
で，返還対象となる島じまの具体的名称を明示しなかった。

　奄美に対するアメリカの認識がいかに浅かったかを示す逸話が，エルドリッ
ヂの著作にある。1953年6月25日に開かれた国家安全保障会議で，アイゼン
ハワー大統領が奄美群島の人口を尋ねたが，交渉当事者の誰もが答えられな
かった。エルドリッヂは「群島の運命は，全ての事実がよく理解されないまま
議論されていた」と呆れかえっている。

　奄美の実情をよく理解しないままだったのは，日本政府も同じであった。
1952年12月23日，泉芳朗復協議長が吉田茂首相に，奄美の復帰を訴えた。同
席していた村山によれば，吉田は泉の切々たる願いを聞いて，「奄美は一等国
アメリカについているのだから本土よりもよい暮らしをしていると思った」だ
と。奄美はこんなヤツと政府に復帰交渉を委ねていたのか……。○×ヤロー。

　日本政府は「奄美大島」を多用したものの，「琉球」や「南西諸島」をその場に
応じて使い分けていた。敗戦国としては戦勝国に強く出ることはできなかった
のであろう。地名のぶれは，弱い立場の表れとも見て取れる。日本政府は，奄
美という確固たる地域的枠組みに基づいて交渉すべきであった。

　日米の交渉担当者が揃いもそろって，奄美の実態を知らないまま，国際政治
と軍事戦略上の思惑だけで領土を切り分けた。奄美に対する無知や無理解が，
地域の呼称には反映されている。

　奄美の人びとが「奄美」を強く認識していたのに対し，日本本土やアメリカ

---

*** アメリカのダレス国務長官（John Foster Dulles, 1888～1959）は，1953年8月8日に，韓
　　国から帰途，東京に立ち寄り，奄美大島島群の返還を電撃的に発表した。

からは沖縄と同一視または混同されたまま，奄美は日本に復帰した。

　復帰から70年が経って，この状況は変わったのであろうか？　ナイチからの観光客の目に映る奄美は，相変わらず沖縄の二番煎じくらいである。奄美の独自性が認められなければ，本当の意味での復帰が達成されたとはいいがたい。

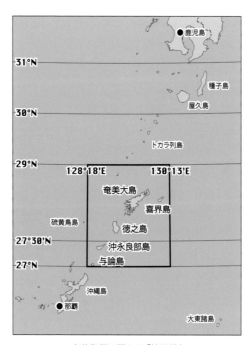

**奄美復帰に関わる「境界線」**
（太枠は奄美返還協定で確定された奄美群島の範囲）

**奄美・アメリカ・日本による呼称の差異**

| 呼称\地域 | 奄美大島 | 奄美群島 | 奄美 | 大島郡 | 北部琉球 | 琉球 | 南西諸島 | その他 | 合計 |
|---|---|---|---|---|---|---|---|---|---|
| 奄美 | 11 | 6 | 4 | 11 | 0 | 4 | 0 | 0 | 36件 |
|  | 30.6 | 16.7 | 11.1 | 30.6 | 0.0 | 11.1 | 0.0 | 0.0 | 100.0% |
| アメリカ | 1 | 9 | 6 | 0 | 7 | 10 | 1 | 2 | 36 |
|  | 2.8 | 25.0 | 16.7 | 0.0 | 19.4 | 27.8 | 2.8 | 5.6 | 100.0 |
| 日本 | 9 | 1 | 2 | 1 | 0 | 6 | 3 | 0 | 22 |
|  | 40.9 | 4.5 | 9.1 | 4.5 | 0.0 | 27.3 | 13.6 | 0.0 | 100.0 |

（村山(1971)・エルドリッヂ(2003)により作成）

# V-3　奄美復帰70年——復帰のゆくえ——

　奄美群島の日本復帰から70年。復帰ははるか昔の話になってしまった。この70年間，私たちは奄美の日本復帰をどのようにとらえ，反芻<ruby>反芻<rt>はんすう</rt></ruby>してきたのだろうか。復帰に対する私たちのまなざしはどのように変わってきたのだろうか。

　復帰運動そのものに関する，記録や研究は比較的多い。しかし，復帰がその時どきの状況に応じてどのように語られてきたのか，またその語りがどのように変わってきたのかについての議論はあまりなされていない。復帰についての語りを振り返ってみたい。

　こんな時には新聞を利用する。とはいえ70年分の新聞をひっくり返して，復帰関連の記事を探し出すことは，独力では荷が重い。そこで採った方法が「定点観測」。復帰記念の日である12月25日と，翌日26日の新聞紙面だけを対象とする。これなら70年間でも140日分で済む。奄美図書館に数日通って，マイクロフィルムとにらめっこし，「復帰」を含む記事を拾い出した。奄美群島の地元紙である南海日日新聞に*，1953年以降掲載された復帰関連記事は461本，約34万字に及んだ。

　日本に復帰した1953年は別として，1954年以降を10年ずつに分け，見出しをテキストマイニングという方法で分析した**。テキストマイニングは，文字データを数値化して分析する手法である。ここでは，記事の中の言葉がどの年代によく出現するかを分析した。p. 118の図ではそれぞれの時期を★で示した。それぞれの時期によく使われた言葉は★の近くに配置される。★どうしの位置が近ければ，それぞれの時期に共通した言葉を使っていることになる。

　毎年の記事の文字数には明確なパターンがある。復帰10周年ごとに，記事量が増え，1万字を超える。5周年ごとにも小さなピークがある。節目の年に

---

＊　奄美群島の日刊紙には奄美新聞もあるが，奄美新聞は前身の大島新聞を含めても1954年創刊であるため，連続性の観点から，分析対象とはしなかった。

＊＊　須山　聡　2018. 奄美群島へのまなざし——テキストマイニングによる地域像の分析——. 駒澤地理 54：15-23, http://repo.komazawa-u.ac.jp/opac/repository/all/37879/rcr054-02-suyama.pdf（最終閲覧日：2023年11月12日）

は復帰に対する関心が高まる。他の年には 2,000～5,000 字程度にとどまった。

　1953 年の紙面は復帰の喜びではち切れんばかりである。25・26 日とも，全記事が復帰関連である。25 日の 2 面には，新聞見出しの名作ともいえる「あゝ，われらは還つた，日本にかえつた」が躍った（p. 119）。

　しかし 1954 年以降の 10 年間の紙面からは，復帰の興奮や喜びが早々に薄れていく。1958 年 12 月 25 日のコラム「南海天地」の書き出しは，「（復帰の日のことを）うっかり忘れてしまうところだったが……」。あんたのところの社長は，復帰運動のリーダーの一人だったんじゃないの？とツッコミを入れたくなる。

　この時期を示す★は，他の時期とは異なる場所にプロットされている。この 10 年間だけは，復帰運動に対するまなざしが大きく異なることを意味する。

　この 10 年間には，復帰運動の回顧記事が多く掲載され，「苦難」「祝賀」「感激」といった言葉が見られる。奄美群島が経験した希有な体験を，記事中では「民族運動」「平和運動」と賞揚している。その一方，米軍統治下で放置された，戦災からの復興が重要テーマとされた。\*\*\*とくに鹿児島県知事や国会議員らは，奄美群島復興特別措置法とそれに基づく復興計画に関連づけて，復帰にしばしば言及している。また，「貧乏」というド直球な言葉が多用され，復帰の成果がなかなか目に見えないもどかしさが読み取れる。

　1964 年以降，復帰 40 周年の 1993 年までの 3 時期の★は，かなり接近してプロットされる。つまりはよく似たことを論じている。復帰当時の記憶を語る言葉は変わらず多いが，「開発」「島づくり」「島興し」という言葉も見える。これらのキーワードは「開発」や「経済」である。時あたかも空前の紬ブームで，とくに名瀬の街は沸き返っていた。名瀬湾は埋め立てられ，周辺の朝仁・小宿・鳩浜では，公有水面の埋め立てと港湾用地・住宅用地の造成が進展した。

　復帰 20 周年の 1973 年 12 月 25 日の紙面では，奄美政財界の重鎮による座談会が掲載され，ナイチとの経済格差是正が論じられた。驚くべきはそこで展開された，格差解消のためにはより多くの補助金を確保しなければならないという論調である。奄振予算獲得のためには，復帰運動の時のように全島一丸と

---

\*\*\*　大島海峡沿岸は，1919（大正 8）年に要塞整理要領によって要塞地域に指定され，1923 年に古仁屋に奄美大島要塞司令部が開庁した。第二次大戦で沖縄が陥落した後，奄美群島は最前線と化し，1945 年 4 月 20 日の空襲で，名瀬市街地の 90％が焼失した。

なって陳情に取り組まなければならないと，今となってはワケのわからない論理に「復帰」が利用されている。結局は国のカネをアテにしていたんかい？　補助金と公共事業の泥沼に，群島全体が引っ張り込まれたさまが見て取れる。

　開発や産業振興は，復興の延長線上に位置づけられる。復興・開発・振興事業は鹿児島県と国の主導で進められ，資金は奄振予算として国が提供した。奄振法による復興事業は，10年で終わるはずであった。奄振事業は瀕死の奄美を救う「カンフル剤」のはずであった。しかし，奄振事業は奄美経済の「生命維持装置」に変容し，それなしでは生きてはいけない奄美ができあがった。

　この30年間のもう一つのキーワードは「風化」である。1983年12月26日の1面見出しは「復帰30周年　進む風化　ひっそり記念祭」である。1980年代は復帰関連の記事量がとくに少なく，復帰に対する関心が薄れたことがわかる。

　1980年代までは，復帰を体験した人びとが社会の第一線で活躍していた。このころまでの記事の主語は，往々にして「私」であり，筆致には実体験に基づく復帰運動への共感がにじみ出ていた。記事は当事者の視線で書かれた。あるいは執筆者の青春時代が，米軍政期や復帰運動と重なっていたのかもしれない。当時者が自分と重ね合わせて過去をふり返る心理や行為は，ノスタルジーそのものである。

　1993年の復帰40周年は，復帰語りの転換点であった。これ以降，復帰は一種の物語となり，個人の思い出から「語り継ぐ」ものに変容した。ほかにも，「伝える」「知る」「継承」「後世」など，記憶の継承に関する言葉が頻出する。

　2018年12月25日の1面には「米施政権下の歴史継承へ奮闘　奄美群島返還65周年　体験者語り継ぐ」とある。語り継ぐことは，ノスタルジーとは異なる。ノスタルジーは本人の中で完結するが，語り継ぐ行為は自分とは違う誰かを想定する。誰かに語るためにはストーリーが必要である。1994年以降の復帰記事では，物語にふさわしい「密航」「断食」「かがり火」「日の丸」などのエピソードが，ふんだんにあらわれる。復帰物語はすでに形をなしつつあった。

　復帰と関連づけられるキーワードは，復興→開発→継承と変遷してきた。同時に復帰という歴史的事実に対するまなざしは，回顧→風化→物語と移り変わってきた。このような変容は，私たちの復帰のとらえ方が変わったことを映し出している。

　復帰の物語化とともに，復帰運動の舞台の「聖地化」が進んだ。この場合の聖地とは，復帰運動に関連する重要な場所で，そこを訪れることで過去の事実を思い起こしたり，想像できる場所といった意味である。アニメなどの舞台をめぐることを「聖地巡礼」ということがある。場所には人間が与えた意味が付着する。その意味を読み出すことができる場所が聖地である。

　復帰運動の聖地とされたのは，復帰記念碑・泉芳朗胸像があるおがみ山と，復帰運動で何度も郡民大会が開かれた名瀬小学校校庭である（p. 119）。泉が祖国復帰の断食祈願をした高千穂神社もこれに加えられよう。

　おがみ山での復帰記念集会は，泉を顕彰する団体が主催してきたが，1996年からは当時の名瀬市が加わった。また，高千穂神社では 2015 年から復帰当時のかがり火にちなみ，かがり火集会が催される。

　復帰の物語化と聖地化は，復帰経験者が高齢化したことと関連する。復帰の経験を直接自分の口で語れる人がいなくなった時，どうやったら復帰の事実を次の世代に伝えられるのか，という難問を解くカギが，物語と聖地である。伝える準備はもうできているのではないか。忘れ去られることを心配するより，語ること，訪れることが大切である。

　さらにその先，何のために復帰を語り，何を伝えるのかを考える必要がある。沖縄では，復帰は現在進行形の問題ととらえられている。昔話になりそうな奄美とは，ずいぶん状況が違う。復帰の経験を現代に問う，具体的な論点を，奄美はまだ見いだせていないように思える。

　「奄美は日本だ」という，復帰運動の血を吐くような叫びは，復帰が実現した途端に忘れ去られたようだ。しかし今一度，思い返したい。あんなになりたかった日本になって，すべてがうまくいくと思っていたら，本書で縷々述べたように，本土に対する奄美の依存と従属はむしろ強まっている。いつまでたってもナイチと対等にはなれない。奄美と本土・日本との関係性を問い直すことこそが，復帰運動の現代的な問いかけなのではないか。

---

＊＊＊＊ 泉芳朗（1905～1959）は詩人であり，小学校の教員を務めながら詩作に取り組んだ。1951年に結成された奄美大島日本復帰協議会の議長に選出された，復帰運動の指導者である。奄美の復帰運動の特徴づける非暴力性・非政治性は，米軍政府の弾圧をかいくぐる方便でもあったが，泉の指導力に負うところが大きい。

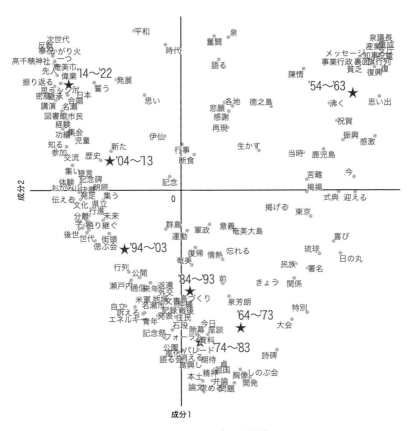

**テキストマイニングの分析結果**

復帰の日の南海日日新聞
（1953年12月25日2面）

**おがみ山の泉芳朗像**
（2022年12月25日撮影）
トレードマークの丸眼鏡が、
この日だけかけられる。

# 小括⑤　立ち位置を確かめる

　古厩忠夫(1941～2003)という歴史学者の著作に『裏日本』という，富山県出身の私としてはなんともやるせないタイトルの本がある[*]。今では死語であるが，日本海側を裏日本と呼ぶようになったのは明治以降で，日本の近代化の過程で歴史的に醸成された言葉だという。

　格差や差別はひとりでに生まれるものではなく，人為的に構築される。私には裏日本と奄美が重なり合って見える。奄美も富山も，本土大都市圏から見れば縁辺，辺境に位置する。もちろん，裏日本と呼ばれる地域はナイチであり，歴史的な過程は奄美とは異なる。しかし奄美もまた，日本の中央集権化の過程で国土の縁辺に押しやられ，挙げ句の果てにはアメリカの統治を経験した。

　そうした地域の歴史に，ルサンチマンに近い感情を抱くこともあるが，過去を振り向いてうつむいてばかりいるのもイヤである。本土大都市圏，とくに東京からのまなざしを，冷静に分析し，クールに見返す態度が必要である。

　安易に「まなざし」という言葉を使ったが，まなざし(gaze)は学問的な用語で，単に見ることにとどまらず，対象や場所に対する，まなざす者の認識を吟味する時に用いられる[**]。ナイチは奄美をどのように見て，どのくらい理解しているのか，という問いかけが，まなざしをめぐる議論ではなされる。

　奄美に対するナイチのまなざしは，歴史的には非常にぞんざい，そして無知と無関心に満ちていた。それは前述の吉田茂の発言に端的に表れている(p. 112)。薩摩藩・鹿児島県の差別的な政策や，奄振政策にも見て取れる。

　ナイチからの奄美に対するまなざしは，同時にステレオタイプな南島のイメージをまとう[***]。南の島のきれいな海と温かな人たち，のんびりゆったり時間が流れて，なんくるないさ〜。要は沖縄イメージの中に奄美は取り込まれている。だからナイチからのまなざしの中では，奄美と沖縄の区別がつかない。

---

[*]　古厩忠夫 1997.『裏日本』岩波書店.
[**]　アーリ，J.著，加太宏邦訳 1995.『観光のまなざし──現代社会におけるレジャーと旅行──』法政大学出版局.
[***]　須山　聡 2018. 前掲 p. 114.

　こうした浅薄な理解に立つナイチのまなざしからは，奄美は一個の消費の対象にしか映らない。流行のファッションや話題のグルメと同じである。沖縄やグアムと同列に比較され，コスパのよさや話題性によって評価される。移り気なナイチの消費者は，いっときもて囃しても，飽きれば捨てる。

　奄美のナイチに対するまなざしは，ナイチからのそれに比べれば真剣そのものである。奄美だけではなく，日本全国の地方が，大都市圏に認められるために必死のアピールに取り組んでいる。さまざまな特産品を開発したり，田舎暮らしのよさを宣伝したり，ふるさと納税で豪華な返礼品を用意したり，まことに涙ぐましい。

　「承認欲求」という言葉を最近よく聞く。若い人たちがSNSに夢中になるのは，他者に認められ，承認欲求を満たすためだと。承認欲求は，奄美をはじめとする地方から大都市圏へのまなざしにもあてはまる。振り返ってほしいという，切ないまでの思いが，地方からのまなざしには込められる。[****]

　ナイチから奄美，奄美からナイチのまなざしは非対称，アンバランスである。奄美がナイチのことを考えているほどには，ナイチは奄美のことを思っていない。片思い？　絶望する必要はないが，自覚すべきではあろう。

　不謹慎なたとえ話とお怒りの向きもあろう。私の真意は，こうした非対称な実態を自覚した上で，ナイチと対等の立ち位置を考えることにある。

　奄美がナイチの都会のようになることはできない。電車もなければ大学もないんだから。しかし，ナイチになくて奄美にはあるものはたくさんある。ナイチを羨望させる，ナイチに憧れさせる。あえて逆の非対称を作りだす。ここが工夫のしどころである。

　ナイチでの暮らしが長かった宇検村阿室の先輩は「ナイチは便利だけど，なくてもいいモノばかりがありすぎる」と言っていた。暮らしに本当に必要なモノ，大切なことは何なのか，改めて考えれば，ナイチと対等な奄美を見いだす手がかりがつかめそうである。

　奄美らしさを失わなければ，そのよさに気づく人は今後増えていくであろう。ムリに都会風を装う必要はない。

---

**** 須山　聡 2019. 奄美大島における世界自然遺産登録に対する取り組みとその地域的含意. 地理空間 11（3）：3-20, DOI: 10.24586/jags.11.3_3.

# 中 入 り

**宇検村宇検の豊年祭の中入り**
（2016 年 9 月撮影）

本書は豊年祭の進行に擬して，序文を「振り出し」とした。となれば，最後の
あとがきは「六調」で締めるべきであるが，新聞連載はまだ続いているし，書
きたいこともたくさんある。となれば，続編を期して，ここは「中入り」とし
たい。

# 第二次奄美ルネッサンス

　奄美群島の地元紙に「シマ」という言葉が頻出するようになったのは，1980年代後半のことであった。時を同じくして学校教育の現場では，シマグチ・シマウタ・八月踊りなどが学習内容に取り入れられた。

　奄美独自の文化や生活習慣は，長らく後進的なもの，場合によっては粗野で野蛮なものとみなされてきた。学校で方言札を下げさせられたとか，先生から「標準語でしゃべれ」と薩摩方言で叱られたなどという，笑うに笑えぬ話を聞いたことがある。

　現在の私たちは，奄美の文化を，自然とのたくまざる共存，先人の知恵の結晶ととらえている。固有の文化に対する誇りは，自分たちが何者であるかという自覚，アイデンティティに結びつく。「私は奄美群島で生まれ育った人間である」という意識は，その人の人格の一部を形作る。

　米軍政下で勃興した「あかつち文化」は，いわば奄美アイデンティティの精華であった。あかつち文化は，演劇・歌謡・文芸を中心とする，奄美独自の芸術文化運動であった。

　現在も歌い継がれる新民謡は，あかつち文化で揺籃され，群島のみならず，ナイチでも愛された。青年団を母体として，群島各地には多くの劇団が設立された。宇検村宇検の「黒潮劇団」は人気を博し，村内を巡業したという（p. 127）。あかつち文化の興隆は，劣っているとみられていた奄美の文化の復権であり，ヨーロッパの文芸復興になぞらえ「奄美ルネッサンス」とも呼ばれる。

　1951年，参議院外務委員会の公聴会で，加計呂麻島の芝出身のロシア文学者，昇直隆（曙夢）が，奄美人を「純然たる日本人」と強調し，復帰を強く訴えた。＊復帰運動では日本との同質性を強調するのに，同時に群島の独自性に根ざしたあかつち文化が沸き起こったことに，私は奇異な印象を受けた。同質性と独自性では，正反対ではないか？

---

　＊　参議院外務委員会における昇の発言は，「国会会議録検索システム」で検索・閲覧できる。国立国会図書館「国会会議録検索システム」https://kokkai.ndl.go.jp/（最終閲覧日：2023年11月12日）

　しかし奄美群島では，あかつち文化と復帰運動の間に矛盾は生じなかった。奄美の米軍政府は，一面において「解放軍」の性格を持ち，初期には民主的な政策の実行を試みた。統治開始当初，米軍政府は奄美における言論や結社の自由を大幅に認めた。<sup>**</sup>自由の風を浴びた奄美の人びとが発した声が，一方では芸能や演劇としてあらわれ，もう一方では復帰運動に結びついた。

　奄美の人びとは，奄美の独自性を主張しながらも，日本への帰属を求めた。表面的には矛盾していても，復帰運動は，あかつち文化の延長線上に位置づけられる。矛盾というのは，奄美の実情を知らないナイチの人間の感想に過ぎないのかもしれない。私にはまだ明確な答えが見えないままである。

　日本復帰後，急発展する大島紬業と，奄振事業の公共投資を車の両輪に，奄美は高度経済成長を享受した。港湾・道路・農地・学校……，次つぎとインフラストラクチュアが整備され，かつての貧しい島の面影は払拭されていった。「本土なみ」を合い言葉に，ひたすら成長を追い求めた過程は，ナイチ的な価値観や生活様式に自らを合わせようとする，同化のプロセスでもあった。

　ナイチへの同化を選択した結果，奄美は否応なく，自らとナイチを比べざるを得なくなった。比べて露わになったのは，奄美とナイチの画然たる格差であった。

　所得・交通・買い物・教育・医療……。生きていくために必要なあらゆるものが，ナイチに比べて奄美では決定的に足りない。成長しているにもかかわらず，差は広がる一方で，いつまでたっても奄美の「本土なみ」は実現しない。彼我の差は「後進的な奄美」という意識に凝り固まり，とくに高度経済成長期において，人びとの心に深く刻印された。同化を選んだことでかえって違いが際立つというのは，皮肉な逆説である。

　しかし奄美の人びとは，劣等感を抱えたままうずくまってはいなかった。冒頭に記したシマという言葉に代表されるように，奄美的な価値観は息を吹き返した。

　群島では，プロ・アマを問わず多彩な音楽イベントや，演劇がさかんに催されている。なかでも2001年にブレイクした元ちとせの「ワダツミの木」は，衝撃をもってナイチに迎えられた。

---
** 村山，前掲 p. 110。

　豊年祭や結婚披露宴の余興は「そこまでやるか！」と言わせるほどの熱の入れようである（p. 127）。相撲が盛んで，大相撲でもたくさんのシマ力士が活躍している。シマグチ・シマウタの継承活動も盛んである。シマジュウリを基盤とした新しい料理が創作されている。

　奄美では，従来からあるものを守る動きと，新しいものを生み出すエネルギーが共存している。活力のある文化には，伝統と革新が必ずともにある。

　20世紀末に勃興した奄美の新しい文化復興運動を，米軍政下の奄美ルネッサンスに倣って，「第二次奄美ルネッサンス」と名づけたい。第二次奄美ルネッサンスは一時的なブームにとどまらず，現在にいたるまで，息長く継続している。

　この文化運動は，奄美的なものの喪失に対する愛惜と，ナイチへの同化に対する不安という，二重の危機感をバネにしている。前者のみであれば，それはただのノスタルジーである。後者が加わることで，奄美は独自のもの，新たなものを生み出す力を得た。

　終戦の解放感から湧き出した奄美ルネッサンスは，米軍政下にありながらもからりと明るい。これに対し第二次奄美ルネッサンスは，アイデンティティの危機を背景としている。楽しげではあるが，実はかなり重いのである。前向きな姿勢と，後ろから衝き動かされるような切迫感の違い，とでも言おうか。復帰70周年を迎えた現在，奄美は自らの姿を振り返り，奄美らしさを模索している最中（さなか）にある。

　自らが手放しそうになったものに対する郷愁だけならば，「伝統」に回帰するだけでこと足りる。しかし奄美では，新しいタイプの音楽や芸術が次つぎと生まれている。素人目ながら，奄美の音楽のレベルは高い。

　かといって，奄美がナイチへの同化を面と向かって拒否することはない。柔らかに，朗らかに「奄美は奄美だっちよ～」と主張するのが，第二次奄美ルネッサンスの特徴である。

　ひと昔前まで，島の若い人たちは「こんな島，早く出たい」と言っていた。今の高校生は「いったん島を出るけど，必ず帰って来たい」と決意を披瀝（ひれき）する。実に頼もしい。奄美の文化を，奄美そのものを誇りとする若者が育っている。第二次奄美ルネッサンスの成果は，確実に形をなしつつある。

**黒潮劇団**
（『宇検部落集落誌』より引用）

**結婚披露宴の余興（奄美市名瀬）**
（2016 年 11 月撮影）

● 著者紹介

# 須山　聡（すやま　さとし）

1964 年富山県富山市生まれ。筑波大学大学院 地球科学研究科 単位取得退学，駒澤大学文学部地理学科教授。博士（理学）。専門分野は人文地理学・景観論・離島研究。主な著書に，『在来工業地域論』（単著，古今書院，2004 年），『離島研究 I 〜 VI』（共著・共編著，海青社，2003 〜 2018 年），『奄美大島の地域性――大学生が見た島／シマの素顔』（編著，海青社，2014 年）などがある。

Sketching the Amami Archipelago: Gaze of Geography
by SUYAMA Satoshi

アマミザツワ　チリガクノメデグントウヲミル
## 奄美雑話── 地理学の目で群島を見る──

本書web

| | |
|---|---|
| 発　行　日：2024 年 2 月 29 日 初版第 1 刷 |  海青社 Kaiseisha Press |

発　行　日：2024 年 2 月 29 日 初版第 1 刷

著　　　者：須　山　　聡
発　行　者：宮　内　　久
装　　　丁：(株)アチェロ

〒520-0112　大津市日吉台 2 丁目 16-4
Tel. (077) 577-2677 Fax (077) 577-2688
https://www.kaiseisha-press.ne.jp/
郵便振替　01090-1-17991

＊本書掲載画像は提供者名を明記したもの以外，著者が撮影・作成したものである。